フィギュアスケート
選手名鑑
2023-2024 シーズンガイド

CONTENTS

巻頭インタビュー
三浦璃来＆木原龍一 4
ポジティブな気持ちをもってまだまだ高めていける

Close Up 東京選手権
鍵山優真 16／佐藤 駿 18／三浦佳生 20

INTERVIEW
山本草太 新しいぼくを見てほしい 22

INTERVIEW
伊東秀仁 日本スケート連盟副会長 世界選手権3種目制覇を超えて 8

REPORT
日本スケート連盟強化合宿 シニア 28／ジュニア 36

特別企画
町田樹セレクション
世界選手権大会スペシャルアワード 2023 120

INTERVIEWS 海外の注目選手に聞く
チャ・ジュンファン どんなときも"1歩ずつ" 72
イリア・マリニン 誰も見たことがない新しいぼくを見せる 76
ルナ・ヘンドリックス Living for Skating 80
ケヴィン・エイモズ 勝ちたいと思うのは、努力の過程を知りたいから 83

Topics
木下アカデミー＆チーム・シャンペリー合同合宿 70

2023-2024 シーズン　おもな競技会スケジュール 118

栄光のメダリストたち　オリンピック＆世界選手権 2014-2023 86

注目スケーター選手名鑑 2023-2024

宇野昌磨／鍵山優真／三浦佳生／友野一希／山本草太／佐藤 駿／島田高志郎
坂本花織／三原舞依／樋口新葉／渡辺倫果／吉田陽菜／千葉百音／島田麻央
三浦璃来＆木原龍一／小松原美里＆小松原 尊 ほか

| 日本 | 男子シングル 41 | 女子シングル 54 | ペア 66 | アイスダンス 68 |
| 海外 | 男子シングル 89 | 女子シングル 99 | ペア 106 | アイスダンス 110 |

RIKU MIURA & RYUICHI KIHARA

三浦璃来&
木原龍一

ポジティブな気持ちをもって
まだまだ高めていける

　日本ペアとして初めて世界チャンピオンに輝き、シーズンの主要タイトルを制覇するグランドスラムを成し遂げた三浦璃来&木原龍一組。かつては想像されていなかった未来を自分たちの手で切り拓いたチームが、新たなシーズンへ。世界の頂点に立ち、さらなる挑戦へと出発する2人に、パートナーシップの秘訣を聞いた。

―― 昨シーズンは世界選手権、四大陸選手権、グランプリファイナルの3冠を制するシーズンとなりました。

木原　やはりグランドスラムを達成することができたのは本当にうれしかったですし、自分たちが獲りたかったタイトルをしっかりと獲ることができました。でも、自分たちが真のチャンピオンだとはまだ思えていないというのが素直な気持ちで、つねに追いかける

側の気持ちをもっています。世界中にいる歴代のトップスケーターたちを目標にしていかなくてはならないと思っています。

―― 歴史を作ったという実感はありますか?

三浦　ファイナル、四大、世界選手権で金メダルを獲ることができたのはすごくうれしいのですが、3大会とも結果には納得がいっていません。うれしさよりも、次のシーズンでがんばらないと、という気持ちのほうが私も強いです。

―― お2人はよく「端的にスケートの相性がいい」とおっしゃいますが、さらに磨きをかけるために努力していることは?

三浦　私たちはこの4年間、コミュニケーションをとることをすごく大事にしています。2人の間もそうですが、コーチとのコミュニケーションも大事にしています。

―― 結成初期のころは、お互いについて驚
いたこともありましたか。
木原 そんなにネガティブにならなくていい
のに、自分を責めなくていいのに、と思って
いました。ぼくはもしミスをしてしまっても、
このミスから学んで、同じ失敗を繰り返さず
次に成功すればいいと思うタイプ。璃来ちゃ
んは責任感が強いのかな。

三浦 ミスを徹底的になくしたいと思うから、
ネガティブになっちゃうんです。
木原 逆にネガティブになりすぎて、ミスを
引き起こしちゃうってことでしょ？
三浦 恐怖感があって、悪循環が生まれて
いたのかなと思います。
―― 完璧主義？
三浦 ……その言い方だとかっこよすぎちゃ

木原　それはやっぱり、ブルーノ（・マルコット）コーチの影響はものすごく大きい。コーチからよく言われるのは、「どちらかがネガティブなときに一緒にネガティブになっていたら、立ち直るチャンスがなくなる。どちらかがポジティブでいれば、いつか必ずポジティブに引き上げられるよ」と。だからぼくも、自分が落ち込んでいるときもなるべくポジティブでいようと心がけています。

──　それでも木原さんのほうがネガティブになってしまうこともあります？

三浦　たまーに。璃来が「大丈夫だよ」と言ってあげることがたまーにあるよね！

木原　エキシビションのオープニングの振付とかが覚えられないと、すっごいネガティブになるんですよ。振付を覚えるの苦手で、1人だけ違う動きをしちゃう。（笑）

──　ブルーノ先生は「世界選手権での2人は誰が試合に出てきたとしても王者の滑りだった」とおっしゃっていましたが、また環境が変わるであろう新しいシーズンに、どんなふうに自分たちを伸ばしていきたいと思っていますか。

三浦　これまで自分たちがやってきたのは基本的なペア技が多かったので、見たことがないような形のリフトなどを取り入れていきたいです。自分たちはスピードに自信があるのと、よく「エッジワークが深い」とコメントをいただけるので、その部分はさらに伸ばしていきたいです。

木原　アイスダンサーみたいなペアを目指したいです。全部いいとこ取りペア！

三浦　あとはユニゾンも。まだまだ高められると思っています。

木原　昨シーズンは時間が限られていたので、やりたかったことの半分くらいしかできませんでしたが、新しい挑戦はこれからなので、まだまだ自分たちには伸びしろがあると信じています。

＊

グランプリ初戦はスケートアメリカ。王者として迎えるシーズン、2人の新たな旅を楽しみにしたい。

うんですけど、そういう考え方でした。けがをしたときも、「完璧を求めなくていい」とよく言われて。その考え方が徐々に龍一くんやコーチのおかげで変化してきているんです。龍一くんは「自分はもともとポジティブではなかった」と言うんですけど、考え方がすごく前向きなので、すごいなといつも思っています。

世界選手権３種目制覇を超えて

伊東秀仁 Hidehito Ito 公益財団法人日本スケート連盟副会長・フィギュア委員長

2023 年 3 月、
さいたま開催の世界選手権で、日本勢が
男女シングル、ペアの 3 種目で優勝。
北京オリンピック団体メダルに続き、
日本のスケートの強さを知らしめた大会は、
さらなる高みを目指す日本チームの
ジャンピングボードになるのか。
日本スケート連盟の伊東秀仁副会長に
新シーズンについて聞きました。

2022-2023 シーズン、全戦全勝の強さを
見せた宇野昌磨（2022 年グランプリファ
イナル）©Kiyoshi Sakamoto

世界選手権で初優勝、日本のペアの新しい歴史を作った三浦璃来&木原龍一組。手前左が日本スケート連盟の伊東秀仁副会長、右が国際スケート連盟の金載烈会長
©Yazuka Wada

男子シングル　それぞれの新しい試み

── 国内ではブロック大会が始まり、2023-2024シーズンが本格的に動き始めましたが、今シーズンはどんなところを目指していきますか。

伊東　オリンピックというビッグイベントが終わった翌シーズンに、日本で世界選手権が開催され、宇野昌磨選手と坂本花織選手が2連覇、そしてペアの三浦璃来&木原龍一組が初優勝しました。今季は、4つの金メダルのうち3つを日本が獲るという史上初の快挙を成し遂げた翌シーズンになるわけですが、いよいよ2026年ミラノ・コルティナダンペッツォのオリンピックに向かって大事なシーズンを迎えることになります。というのも、来シーズンには、オリンピックの出場枠取りの世界選手権が待っているので、今季から、たとえば、世界選手権で3枠をとっていかないとオリンピックにつながりません。狭間のシーズンと言っても、すでにミラノ・コルティナに向かって始まっているシーズン

でもあります。

── 日本にとって、画期的な成績を残した昨シーズンでしたが、まずは男子の世界選手権代表選手たちについてお聞きしたいと思います。

伊東　宇野昌磨選手は、自分で自分を鼓舞して高みを目指してやってきているわけですが、今年はアイスショー「ワンピース・オン・アイス」で座長を務め、トップスケーターとしての責任感が芽生えてきただろうし、ショーを作り上げることで、また新たなものが彼のなかで見出せたのかなと思います。シーズンのスタートは遅くなるかもしれませんが、それがいい方向に向いてくれればいいなと思います。

── 宇野選手は、昨季の終わりから表現力をさらに追求したいという話をしていましたが、彼がどういった形で競技に対しての強い気持ちを保っていけるのかについてはいかがですか。

伊東　世界選手権2連覇した日本選手はこれまでいませんでしたし、もし3連覇するなら歴史に残るでしょう。目指すとなると、まずそこになるのかなと思いますけれども、本人に聞いてみないとわかりませんが、

フリー演技を終えて、声援に応える坂本花織。男子の宇野昌磨とともに日本初となる世界選手権2連覇を達成した（2023年世界選手権）©Yazuka Wada

伊東　友野選手は、ご存じのように、世界選手権で続けて入賞していますから、きちんとやればメダルを狙える選手でもある。彼も「ワンピース」で遅れているけれども、先日のネーベルホルン杯を見る限りだいぶよくなっていた。山本選手は、もともとスケートに定評があるので、本番でどんどん強くなっていけば面白いでしょう。新しい4回転も練習で降りているし、ショートプログラムから結構大変なプログラムに挑んでいる。今年はいろいろやれるシーズンでもあるので、山本選手にとっても、自分を変えられるシーズンになるのを期待しています。

――　全日本選手権2位の島田高志郎選手は？

伊東　初戦はネーベルホルン杯でしたが、きっちりジャンプがはまってくれば、ステファン・ランビエル直伝のスケーティングやスピンを習得しているので、間違いなく世界で戦っていける選手です。今年楽しみです。彼も、宇野選手や友野選手と同じく「ワンピース」に出ていたので、シーズンが遅れている感があるのですが、がんばって練習して、グランプリには追いついてもらいたいと思っています。

――　シーズン中のピークの持って行き方は、すべての選手にとって重要です。

伊東　実際のところ、シーズン前半のグランプリで最高の状態に仕上げてしまうと、12月の全日本選手権まで持たない可能性もある。シーズン後半の選手権大会の最終選考会でもある全日本が、まちがいなくもっとも重要な大会になるので、選手たちは、毎年グランプリで戦いながら、今年のプログラムがどのように世界に評価されるのかを確認し、調整しながら仕上げていく。ですから、トップ選手たちに関してはそんなに心配はしていません。アイスショーで得たものは大きいと思うし、それを上手に生かしながら、自分のピークをどこに持っていくかを考えながら取り組んでほしいと思います。

――　鍵山優真選手にとっては、本格的な復

やっぱり自分でいろいろなことを見つけながらスケートに生かしていくんだろうなと思います。またひと皮二皮も向けた宇野選手が見られることを期待しています。

――　友野一希選手と山本草太選手には、どんな期待を？

活となるシーズンかと思います。昨シーズンは怪我のため、出場は全日本選手権のみでしたが、今季は国内外の大会ですでに彼らしい滑りを見せています。

伊東 鍵山選手は北京オリンピックの銀メダリストです。鍵山先生も焦らずにやっていきたいと話しています。東京選手権を見る限り、滑りは十分上手でしたので、とにかく無理はしないこと。無理していろんなことに取り組んでまた怪我をするのが一番怖いですから。周りもどんどん進化していくから、焦らないといったら嘘になるだろうけど、いまは焦る必要はなく、試合をやっていくごとに少しずつ上げて、全日本、そしてその先に向かってもらえればいいかなと思います。

―― では、東京選手権に鍵山選手と一緒に出場していた佐藤駿選手や三浦佳生選手については?

伊東 まず佐藤選手ですが、カナダのモントリオールに行ってだいぶ変わりました。一度長期で、そのあとブラッシュアップのために単身でも行っていた。スケーティングが大事だということを理解したのがにじみ出ているので、つなぎやステップで生かしてほしい。三浦選手は、東京選手権の練習でアクシデントがあって怪我をしてしまいましたが、滑りを見る限り、点も近接しているし、この3人のライバル関係はすごくいいなと思います。

―― 三浦佳生選手は、四大陸選手権と世界ジュニア選手権の優勝者ですが、演技の安定感を増して、さらに強くなるためにはどのように期待していますか。

伊東 まだ若いですから。彼はいろんな大会に出て他の選手から学んでいきながら、成長していけばいい。彼の勢いはやっぱりすごい。彼が本当にはまったら、勝てる選手がいるのかなと思うくらいの勢いで行っている。勢いのあるうちは、それを大事にしていったほうがいいかなとぼくは思います。頼もしいですよ。

―― このほかシニアに参戦する吉岡希選手や片伊勢武アミン選手、シニア2年目となる

グランプリファイナル初出場で初優勝した三原舞依（上）と三浦璃来&木原龍一組（中）。宇野昌磨は5度目の挑戦で念願の初優勝。コーチのステファン・ランビエル、出水慎一トレーナーと笑顔を見せた（2022年グランプリファイナル） Photos ©Kiyoshi Sakamoto

壷井達也選手はいかがでしょうか。

伊東 吉岡選手は、自分で意識を変えて取り組んでいるのをすごく感じます。世界ジュニア選手権の表彰台にも乗っているので、ジャンプの軸はいいものをもっているし、表現力をこれから磨いてくれればと思います。

片伊勢選手は、滑りがすごく上手で繊細な表現ができるので、4回転をとにかく跳べるようになることです。壷井選手は、ジャンプがきちんとハマればすごくいい滑りをするので、上位選手についていってほしいと思います。

—— 8月下旬からジュニアグランプリシリーズが開始されていますが、ジュニア男子では**中田璃士**選手が初のファイナル進出を決めています。

伊東 中田選手はだいぶ身体もしっかりできてきて安定感も出てきましたが、まだ中学生ですので大事に怪我をしないように順調に育ってほしいなと思っています。昨シーズン、ファイナルに出場した**中村俊介**選手は、今季のファイナルは逃しましたが、ジュニアのトップクラスであることは間違いありません。**蛯原大弥**選手や**垣内珀琉**選手など表彰台に乗っている選手たちを含め、まだまだ粗削りなスケーターたちですが、今後の成長が楽しみです。

女子シングル　トップの輝きと若手の進化

—— 女子では、世界選手権2連覇の**坂本花織**選手、グランプリファイナル優勝の**三原舞依**選手を筆頭に、シニア、ジュニアと実力選手がひしめいています。

伊東 坂本選手は相変わらずパワフルで、シーズン頭は多少ミスがあっても、きちんと仕上げてくる選手です。新しいプログラムを滑り込んでいけば、どんどん良くなるタイプですので、日本勢初の3連覇も夢ではないかもしれません。三原選手は、スケート自体が上手ですので、ミスなくパーフェクトに演じられれば面白いかなと思います。彼女のプログラムは、ぼく自身もわりと好きな曲でもあるのですが、また新しい試みをしているのかなと思いながら見ています。渡辺倫果選手は、ここ何試合かを見ていると、気になるのですが、世界の舞台に行っている選手ですので、グランプリに向けて、仕上げてくれたら嬉しいです。

—— 昨シーズン休養していた**樋口新葉**選手が今シーズン、競技の場に戻ってきました。

伊東 東京選手権では不運と失敗があったんですけれども、1年休んで非常にいい状態で戻ってきました。やっぱりスケーティングが上手い。ジャンプもこんなに早く跳べるようになるとは思っていませんでしたが、やはり力を持っている選手だなと思いました。

—— 東京選手権で優勝した**住吉りをん**選手や中部選手権で優勝した**河辺愛菜**選手については?

伊東 住吉選手は、去年は試合での失敗が多すぎました。試合で練習通りにできれば、昨シーズンのグランプリで2回表彰台に乗っている選手ですので楽しみです。河辺選手は、昨シーズンから樋口美穂子先生のもとに移りましたが、何試合か見ています

四大陸選手権を男子最年少で制した三浦佳生。3位には佐藤駿と千葉百音が入った　Photos ©Nobuaki Tanaka

2023年世界ジュニア選手権では、島田麻央と三浦佳生が優勝。中井亜美と吉岡希が3位に　Photos©Nobuaki Tanaka

が今年はいい。彼女もトリプルアクセルという強みを持っています。

――　今シーズンからシニアのグランプリシリーズに参戦する選手たちについてはいかがでしょうか。

伊東　**千葉百音**選手は昨シーズンの四大陸選手権の銅メダリストですが、練習環境が変わりましたので、早く慣れてプラスになればと思っています。**吉田陽菜**選手は、トリプルアクセルをプログラムに組み込めるスケーターです。アクセルだけでなく他のジャンプの安定感が増してくれば、ジャンプ以外も上手になってきているので上に行ける可能性が高い。NHK杯の3枠目として選ばれた**青木祐奈**選手は、ノービスチャンピオンですから、とても上手な選手です。怪我が何度もありましたが、今年はプログラムもいい。

――　女子のジュニアについては、昨シーズンの世界ジュニア選手権とジュニアグランプリファイナルを制し、シニアの全日本選手権でも3位に入った**島田麻央**選手が今シーズンも活躍を続けています。

伊東　島田選手は、9月のジュニアグランプリ大阪大会で213点をマークして優勝しています。ジュニアですが、シニアのトップ選手よりも高い得点です。そういったことを含めると、彼女は日本の宝と言っていい。4回転やトリプルアクセルなど大技が注目されがちですが、そのほかの要素も素晴らしい。スピンでも拍手をもらえるスケーターになって

いるし、滑りやステップもどんどん進化しています。

――　そのほか、**中井亜美選手**をはじめとするジュニア選手たちは？

伊東　中井選手はジュニアグランプリ2勝して、一番乗りでファイナルを決めています。島田麻央という大きな壁がありますが、切磋琢磨していくことによって、彼女自身のチャレンジを続けていけばいい。中井選手はミラノのオリンピックのチャンスがありますので。そのほか**柴山歩**選手、**髙木謠**選手、**上薗恋奈**選手らもジュニアグランプリの表彰台に上がっています。日本女子のこれまでと比べると、島田選手や中井選手の下の世代の層が薄いかもしれませんが、またノービスから上がってきて、どんどん成長していけば、ジュニア女子も活性化するのかなと思っています。

――　選手を育てるという点では、西の木下アカデミーと東のMFアカデミーがトップランナーだというのがさらに鮮明になってきています。

伊東　木下アカデミーやMFアカデミーから徐々に選手が育っているのは、やはり練習環境と先生方の力が合致しているということかなと思っています。まさに、韓国はそれをやっています。平昌オリンピック後の基金で、トレーニングセンターを作って、世界のスペシャリストを呼んでスケーターの育成に取り組んでいると聞いています。日本はシニアが強いので、ジュニアにはそこまで予算をかけることが難しいのですが、日本のアカデミー、あるいは野辺山合宿の延長線上の取

2022年全日本選手権のメダリスト。女子は坂本花織が3度目の優勝、2位は三原舞依、3位にはジュニアの島田麻央が入った。男子は宇野昌磨が5度目の優勝、島田高志郎と友野一希が初のメダルに輝いた。アイスダンスでは村元哉中&高橋大輔組が初優勝　Photos ©Yazuka Wada

り組みをいま韓国が行っているんです。

ペアとアイスダンスの新チームにも注目

——　夏の間にもペアやアイスダンスの新しい組が誕生しているようですね。

伊東　やっぱりオリンピックの団体戦でメダルを獲れたことによって——まだメダルは何色になるかわかりませんが——自分たちにもチャンスがあるという気持ちが芽生え、新たにペアやアイスダンスをやってみようという選手たちが増えてきているという感じがします。ペアでは、森口澄士選手があらたに長岡柚奈選手と組んで、グランプリシリーズに出られるレベルまで来ています。また、本田ルーカス剛史選手が清水咲衣選手と組んでペアをやり始めたので、ジュニアにも1組います。どんどんペアも出てきてほしいと思いますが、やはりコーチやリンクなど環境が日本では厳しいので、ブルーノ・マルコットコーチに協力をお願いしている状況です。

——　三浦璃来&木原龍一組の活躍で、シングル選手たちのペアに対する意識も変わってきていると感じますか。

伊東　感じてはいるのですが、やはりペアの男子選手には、それなりのパワーや身長が必要です。どちらかというと、日本の男子シングル選手は、わりと細い選手が多い。女子選手は小柄で軽い選手が多いので、ペアを意識することはあるかもしれませんが、パートナーがいないとできない種目ですから、難しいところです。

いっぽうでアイスダンスは、村元哉中&高橋大輔組が引退してしまいましたが、いろいろ組み替えがあり、エントリーも増え、全日本では2グループで競われる予定です。全日本優勝4回の小松原美里&小松原尊組をはじめ、吉田唄菜選手は経験者の森田真沙也選手と、西山真瑚選手は経験のない田中梓沙選手と新たにパートナーを組んで出場します。西山選手たちもかなりいいです。ジュニアでも岸本彩良&田村篤彦組が初の国際大会だったJGP大阪大会で4位に入る大健闘を見せています。

——　トライアウトの機会も引き続き開催しているのでしょうか。

伊東　トライアウトはペアもダンスも続けています。とにかく競技人口を増やしていかないと、活性化はありえません。団体戦のためにも、アイスダンスの活性化は大事になってきます。全日本に7組出てくるということは、我々にとっては頼もしいことですし、アイスダンス予選会を兼ねた西日本選手権はちょっと面白いと思いますよ。

スケート人口を増やすために

——　今シーズンの世界選手権はカナダのモントリオールで開催されますが、シーズンをとおしてトップ選手たちの移動などはいかがでしょうか。

伊東　昨シーズンはたまたま世界選手権と世界国別対抗戦が日本で開催されましたが、今シーズンは通常どおりです。グランプ

リは世界6ヵ国で行われ、NHK杯は最終戦で大阪開催です。12月上旬のグランプリファイナルが北京なので、年末の全日本選手権に向けての時差の影響は少ない。その後、四大陸選手権が上海、世界ジュニア選手権が台北、とモントリオールの世界選手権までは、アジア圏での試合が続きます。

―― スケート界全体を見渡したところで、ロシアの復帰に関してはいまどんな状況にあるのでしょうか。

伊東 今シーズンはISUの理事会でロシアは出場できないことが決まっていますが、来年総会があるので、そこでどうなるかはまったくわかりません。ただ、我々としてはドーピング問題が解決しない限り認めるわけにはいきません。そのために、アメリカも日本も団体メダルをもらっていないのですから。

―― 国際的な勢力図については？

伊東 男子はフランス、イタリアが強くなっている。とくにイタリアは次のオリンピックの開催地なので、力をいれていると感じます。それから、韓国。ジュニアグランプリの表彰台は日本と韓国が独占する可能性があるぐらいですし、女子だけではなく、世界選手権で男子もメダルを獲ったことによって、男子も少し選手が出てきていると感じます。

―― 競技の活性化のためには、競技人口の増加が必要というお話がありましたが、すそ野を広げるためにどんな取り組みを行っていきたいですか。

伊東 コロナ禍の影響でやはりスケート人口が若干減っていますが、選手たちが活躍することによって、競技人口はまた増えていくと思っています。また、スケートは生涯スポーツだということも打ち出していきたいと考えています。スケートは体幹とバランス感覚を養えます。90歳を超えた方も滑っていたりします。ISUが世界アダルト選手権を開催しているように、いわゆる大人になってから始めたようなアダルトスケーターたちに対して、大会を含めてスケートを楽しんでもらえることをいま考えている最中です。ですが、滑る環境がなければ、スケート人口は増えていきません。スケートリンクの問題にも関わってくるわけですが、再来年には東京湾岸の辰巳にリンクが完成しますし、来年は立川立飛に「MAO RINK」も予定されています。福岡もがんばってリンクを復活させたりしていますが、まだまだ足りません。やりたくてもできない人たちがたくさんいると思うので、たとえシーズンリンクで冬だけでも、やってもらえるところをまた作っていきたい。周辺の人々が楽しくスケートが出来る環境になれば、またスケート人口も増えていくと期待しています。それから、シンクロナイズドスケーティングというチームで滑るフィギュアスケートという楽しみ方もあります。いまでもオープン大会はありますが、正式な人数に満たなくても少しずつチームを増やして、将来的には1つのリンクに必ずシンクロチームがあるようにしていきたいと思っています。

―― さまざまな取り組みについてのお話、ありがとうございました。なによりも日本チームの活躍を期待しています。

シンクロナイズドスケーティングの演技を披露する神宮アイスメッセンジャーズ
（2023年世界選手権EX）©Yazuka Wada

全日本への関門、東京ブロックで相まみえた鍵山優真、佐藤駿、三浦佳生
互角の才能と熱い友情で結ばれ、同世代で切磋琢磨する"三羽烏"たちの新シーズンを展望する

取材・文：編集部　Text by World Figure Skating

鍵山優真 忍耐の復活劇
YUMA KAGIYAMA

東京選手権 1 位

　怪我のため昨シーズンはグランプリシリーズを見送り、全日本選手権のみに出場、回復に努めてきた鍵山優真。今シーズンはグランプリシリーズにも参戦、本格的な競技復帰のシーズンを迎えた。9月上旬のロンバルディア・トロフィーでは 2022 年世界選手権以来となる国際大会に出場して優勝を決め、コーチに着任したカロリーナ・コストナー（2014 年ソチ・オリンピック女子銅）がキス＆クライに座ったことも話題となった。

　国内では、8月の木下トロフィーで佐藤駿、三浦佳生と顔を合わせ、1 位三浦、2 位佐藤、3 位鍵山。9 月 22 〜 24 日の東京選手権でも 3 人が再戦。シーズン序盤で、互いを鏡にしながら現在地を測る、理想的な足慣らしの場ともなった。

　東京選手権 SP、鍵山は冒頭の 4 回転サルコウを転倒したものの、すぐに集中力のある演技を続けて首位に立つ。フリーでは、SP の失敗を繰り返さず 4 サルコウ、4 トウを成功。流れるような表現でも進境著しく、親友 2 人に挟まれ、表彰台の頂点に立った。

　「やっとこれで次の段階に進める」

　試合を終えた鍵山は安堵の表情を浮かべていた。周りの選手たちが躍進を続けるなか、決して無理をせずに辛抱強く我慢して、段階を踏んで心身を整えてきた。苦労も焦りもあっただろうが、大切なプロセスであったに違いない。

　「ロンバルディアの前に早めにイタリアに入って、カロリーナ先生にスケーティングや表現をたくさん教えていただいた。自分としてはスケーティングの伸びも課題なので」

　新コーチとの連携については、こう話す。コストナーは、鍵山のプログラムを振付けるローリー・ニコルの一番弟子とも呼べる存在。彼女の深いエッジと全身をつかった優美なスケーティングは、鍵山自身の表現力とも通底する。父・鍵山正和コーチとの堅い信頼関係はこれからも変わらないが、そのうえで、新たなステージへ向かう水先案内人を求めたということになるだろう。

　「いまは 4 フリップも練習している段階なので、シーズンのどこかで入れられたら。課題としては体力をつけて、ジャンプの質を上げて、ステップのレベルも取れるように、もっともっとブラッシュアップしていきたい」

　自己コントロールの経験を蓄積し、導き手とも出会った彼が目指す"次の段階"。楽しみにしたい。　■

SP「Believer」（2023 年東京選手権）©World Figure Skating/Shinshokan

佐藤 駿
SHUN SATO
若獅子の覚醒

東京選手権2位

東京選手権は、佐藤駿が今季スケールアップする予感を十分に感じさせる試合となった。それは何よりもプログラムの魅力、そして見るからに進化したスケーティングに由来する。

SP「リベルタンゴ」は宮本賢二振付。清廉でありながら重厚な雰囲気はジュニア時代からの佐藤の個性だが、それを最大限に引き出した、色気の漂うプログラムだ。冒頭の4トウ＋3トウでセカンドの着氷がやや乱れたが、続く4フリップ、3アクセルを着氷し、SP2位に。

フリーはヴィヴァルディの「四季」を現代音楽家マックス・リヒターがアレンジしたモダンな曲。振付は2022年北京オリンピックアイスダンス金メダルのギョーム・シゼロンだ。冒頭4ルッツに挑んで転倒したものの、以降は要素をまとめ、表現の面でも音の粒をとらえる音楽性をもって、すみずみまで力のこもったムーブメントで畳みかける。ドラマティックな滑りに、客席からは歓声が湧いた。

SPは「滑っていて気持ちいい振付というか、楽しい振付。まだタンゴ"風"になってしまっているので、しっかりとタンゴを演じきれるようにこれからがんばっていきたい」と話し、フリーについては「コレオはしっかり踊りきることができた」と手ごたえを感じている。

進境の起点となったのは、オフシーズンに訪れたカナダでの経験だ。スケーティングの第一人者シゼロンに、モントリオールで振付のみならず基礎からスケーティングの指導を受けた。

「シゼロン先生に教えてもらって、基礎中の基礎のスケーティングをずっと何時間もやった。すごく滑れるようになったので、改めて楽しいなと思いました。1つのスケートの伸びが浅い、もっと普段を大事にしたほうがいいと言われたのがすごく印象に残っています」

その教えを胸に練習を続け、心境の変化もあった。

「カナダに行ったときに教えてくださったことをずっと繰り返しやっていて、スケーティングの楽しさに気づけた。フィギュアスケートに対してすごく楽しいという感情が湧いてます」

大きく感情を動かすことなくつねに冷静に競技に取り組み、取材の場でも決して多弁ではない印象のある佐藤が、楽しさがにじみ出る口調でそう話す。モントリオール行きが大きな転機となったことは間違いない。

「今シーズンいちばん大きいのは全日本。しっかり照準を合わせて、いままで全日本でいい演技をしたことがないので、いい演技ができるように練習していきたいと思います」

覚醒した若獅子がどこまで飛躍を遂げるのか。目の離せないシーズンが始まろうとしている。■

SP「リベルタンゴ」（2023 年東京選手権）© World Figure Skating/Shinshokan

三浦佳生
KAO MIURA
気迫と冷静さと

東京選手権 3 位

「いま自分ができるなかではかなりよかった。ベストです。ブロック大会に出場しないと全日本に行けないので、いまから自分ができることは何かを考えて、しっかり 4 分間滑りきることを目標にがんばりたい」

　東京選手権、男子 SP。滑り終えた三浦佳生は引き締まった顔つきでそう言いきった。朝の公式練習で衝突があり、腰を負傷。「自分がいるところに横から選手が結構スピードのある状態で来て、自分のほうに負荷が多くかかってしまった。腰の肉離れと聞いています」。痛む腰をかばいながら滑りきった演技は、それでも冒頭に 4 トゥ＋ 3 トゥを決め、アクセルをパンク後も 4 トゥに挑む健闘だった。

　翌日のフリーでは、コンディションが悪いなか、今季構成に組み込む予定の 4 回転ループにチャレンジ。いくつかのジャンプがパンクしつつも最後まで勢いのある演技で、上位を行く鍵山、佐藤にしっかりと食らいついた。最終順位は 3 位。

「とにかく必死で 4 分間やりきった。点数だけ見るとどうしてもマイナスに捉えられてしまうかもしれないですけど、自分ではそんなとない。試合の本番で 4 ループを締める感覚だったり、4 ループが来たあとにほかのジャンプをどう跳ぶかという感覚であったり、試合でないと経験できないこともある」

　試合後にそう振り返った三浦。過去にも波乱のある試合を乗りきって、しぶとく結果に結びつけてきた経験が生きた。アクシデントが起きたときの自分なりの対応セオリーを尋ねると、

「最初アクシデントがあったときは "マジか" という感じだったんですけど、すぐ相手選手も謝ってくれましたし、悪気があってぶつかってきているわけじゃない。まあこういうこともあるよねということで、自分自身もポジティブに捉えて。もちろん痛みはあるけど、スケートの質自体が完全に落ちてしまうほどではないと思っているので、今回はそんなにマイナスにならずに行けたかなと思います」

　逆境だからこそ立ち向かう気迫と、その状況から引き出せるであろう成果を分析する冷静さ。18 歳の内側に 2 つのベクトルが矛盾なく同居し、それぞれに最大限のパフォーマンスを発揮するべく機能する。アスリートとしてのステップアップを改めて印象づけた三浦は、「これからの試合は結果が重要視されるので、4 ループにチャレンジしたり、最後の 4 トゥを無謀だと思いつつ跳びにいったり、結果をあまり気にせずにできるこの大会でチャレンジできてよかった」と視点を高くもち、さらに次を見据える。

　昨シーズン、アップダウンの波を乗りこなして四大陸選手権と世界ジュニア選手権のタイトルを手にした才能は、今シーズンその手でいくつの栄冠をつかむだろうか。■

SOTA YAMAMOTO
山本草太

新しいぼくを見てほしい

昨シーズン雄飛を果たし、グランプリファイナル2位、世界選手権出場と、破竹の進撃を見せた山本草太。もともとの持ち味である伸びやかなスケーティングに4回転ジャンプ、トリプルアクセルを加え、雄大な世界観を描き出すパフォーマンスで存在感を高めてきた。今季は、そのイメージを打ち破る斬新なSP「カメレオン」で新境地を拓く。

▌ NEW 草太を見せられたら

—— 今季のSP「カメレオン」は革新的なプログラムですね。振付はデイヴィッド・ウィルソンさんですが、改めて委嘱の経緯をうかがえますか?

山本 今年、初めて「ファンタジー・オン・アイス」に出演させていただき、ショーの振付を担当されていたデイヴィッドと初めてコミュニケーションをとることができました。ぼくのエキシビションナンバー「Teeth」をすごく褒めてくださって、それで話をするうちに、SPの振付をお願いできないかと。快諾してくださり、ツアーが全部終わってから中京大学のアリーナにわざわざ来て、振付をしてくださいました。ずっと出てみたいと夢見ていたアイスショーに選んでいただいたことで彼と出会えたわけで、いろんなめぐり合わせで実現したプログラムです。

—— 新SPのテーマは。

山本 「NEW 草太」ってデイヴィッドが言ってくれたんですが、新しいぼくが見せられたらと思います。曲名の「カメレオン」のように、かっこいいパートやセクシーな部分など、いろいろな表現や色をお見せしたいです。曲の始まった瞬間からぼくのイメージとはまったく違う曲調で、まずインパクトが大きいですよね。デイヴィッドが選んでくれたんですけど、最初は大丈夫かと思って、でも聴いていると癖になるような曲。いまならかっこよく演じられるんじゃないかと思えた。

―― 振付の過程で印象的だったことは？

山本　言葉の壁はあったんですが、ずっと笑顔で振付をしてくださって、ぼくも緊張がほぐれて振付に没頭することができました。最初の振付のあとZoomでのブラッシュアップのセッションも重ねて、ぼくの意見を伝えてアレンジしてくださった部分もあり、一緒に作り上げるといった形になった。最初に振付をする段階では、すごく音楽に対するこだわりが強くて、ほんの1秒ずれただけで5回くらいやり直しとか、地道な作業だったんですよ。そういうところがいいプログラムが出来上がっていく要因なんだろうなと思いました。ステップのテンポがすごく速くて、去年の「イエスタデイ」のしっとりした表現からは正反対。あまり経験がない速さだからきついんで

すけど、でもやっぱり演じていて楽しいです。

―― いっぽうフリー「エクソジェネシス交響曲」は、十八番といえる曲調ですね。

山本　フリーは「THE 山本草太」って感じですよね。（笑）自分で選曲をして、宮本賢二先生に振付けていただきました。最初はフリーのほうが自分のスケートに合う、なじみやすいプログラムだと思っていたのですが、意外とショートのほうが新鮮で、逆にいまフリーの難しさを感じています。なめらかな曲調なので、ジャンプが失敗すると途切れてしまう。そこがどうやったらうまく表現できるん

だろうと、すごく考えながら課題に取り組んでいるところです。

―― その「NEW草太」の部分、昨季の経験を経て、新しくなった自分を感じますか。

山本　昨季はグランプリ表彰台を目標に立てて、それが達成でき、ファイナルでも銀メダルが獲れた。世界選手権に向けてはすべてが目標通りの試合結果ではなかったですけど、全体的には満足のいくシーズンを送れたと思っています。このオフは、なんだろう、どこかその結果を引きずる部分があったんですよ。去年がよかったからそれ以上や

　オータムクラシックでのSP「カメレオン」の演技 ©Danielle Earl/Skate Canada

躍進のシーズンを経験して

──　昨シーズンの活躍は非常に鮮烈でしたが、ご自身のなかではどんなイメージがありますか。

山本　振り返ったいまだから言えることですけど、やっぱり目指していたかなと思います。2季前の全日本選手権でトップとの差をものすごく感じて、めちゃくちゃネガティブになったのが転機でした。それまでは怪我さえ治ればまたトップと戦える立場に戻れるんじゃないかと思っていたけど、競技のブランクや欠けた経験を埋めるためには時間が必要なのだと思い知らされて、何シーズンも思い描く結果が出ませんでした。でもオリンピックシーズンの全日本でものすごい差を感じてから、オフシーズンにしっかり練習を積んでいくことができた。その自信があったから、昨季はグランプリ表彰台という目標を口に出せたと思います。それで世界選手権まで進出して、そこでまた世界のトップとの差を感じることができた。また今季、その差を埋めるためにがんばっていけたらと思っています。

──　試合での取材でも、落ち込んだときは本当に素直にしょんぼりされていますけど、次の機会にはちゃんと前を向いているということが多いですよね。

山本　そこは唯一の自分の強みかな。（笑）骨折して何度も手術をして、足首にボルトが入っているのに、また復帰して4回転を跳ぼうとよく思えたなって自分でも感じます。試合でも苦い思いをすることのほうが多いですけど、すぐまた次の試合に向けて課題を克服するために練習にとりかかることができる。こういう性格だから、ここまでがんばってこられたのかなと思います。

──　苦しかった時期の山本選手がずっと出ていた試合がNHK杯と全日本だったと思うのですが、NHK杯、そして全日本という大会はどういう存在でしたか。

山本　怪我をして、ポイントやランキングも

らなきゃみたいな焦りが。ただ、げんさんサマーカップ、オータムクラシックと、スタートの試合があまりよくなくて、周りを不安にしてしまったと思うけど、その最初の2試合のおかげで、また地に足がついたというか、まだまだ全然もっと上がある、守りに入る立場じゃないなって思えた。これから、まだまだ挑戦者として今シーズンを戦おうというマインドに変わることができました。

──　シーズンの早い段階でよかった？

山本　そうですね。コーチには「ピーキングを合わせていこうね」と言われますが、やっぱりどの試合も、そのときやれる100パーセントのベストを出したいと取り組んでいるので、ピーキングを敢えて合わせるという感じにならない。（笑）今季は少し遅れてスタートしたので、たまたま調整ができたし、ここからさらに上げていきたいです。

ぎりぎり、B級大会に出てなんとかミニマムスコアが稼げて、でもグランプリには選ばれないという時期に、ずっとNHK杯に出場することを目指していたのが何シーズンも続いたんですよね。NHK杯の3枠目、いわゆるTBDと呼ばれる枠の選考会が毎年6月とか7月にあって、そこに合わせて全力で取り組んでいた。5回出場させていただいているんですけど、NHK杯があったからまた海外に目を向けることができた、自分にとって特別な舞台です。いっぽう、全日本は自分のなかでは悔しい思いが多い。今シーズンは全日本の表彰台もテーマにしていて、メダルが獲りたいと強く思っています。今季、グランプリがカナダと中国、ファイナルが北京、それから全日本があって、世界選手権がカナダと、ずっと中国とカナダばっかりなんですけど、ファイナルと世界選手権まで行けるようにがんばりたいです。

滑るだけで楽しかった

—— 今季序盤の試合ではオータムクラシックと中部選手権でジャンプ構成の順番を入れ替えるなど、試行錯誤されていますね。

山本 今季のSPはもともと4サルコウ、4トウ＋3トウ、3アクセルという順番にするつもりでした。去年は4+3が冒頭で、自信をもって跳べるジャンプになっていて、2本目のサルコウに不安がある状態だったので、今季は自信のある4+3を2本目に持ってきたんですけど、オータムクラシックでは4トウで転んでしまい、コンビネーションが入らなかったんです。そうするとリカバリーが効かず、代償が大きいと学んだ。それで、中部では去年と同じ構成に戻しました。ブロック大会は今年免除にならなかったんですけど、うまくいって自信を取り戻すことができたので、出てよかったなと思います。

—— 今季は鍵山優真選手が本格復帰してきますし、さらに激戦の度合いが高まります。

山本 本当に……普段ゆまちって呼んでる

んですけど、中京の練習で一緒になることも多くて、先シーズンの苦労とかも見ていました。ずっと努力を続けていたし、オリンピックの銀メダリストですからね、絶対戻ってくると思っていた。ゆまちが戻ってきてくれて、マジか俺もがんばらなきゃという気持ちと、うれしいなっていう気持ちが半々。前はレベルが追いついていなかったけど、いま互角に戦える立場で一緒に戦っていけるのは楽しみですし、みんなと切磋琢磨しながらがんばっていけたらと思います。

—— 怪我を乗り越えるという意味では同じ経験をされているわけですが、ご自身では何が支えになったと思いますか。

山本 怪我の状況にもよると思うんですけど、ぼくの場合は骨折で、いちばん負担のかかる右脚の足首で、なかなか治りづらい場所だった。復帰しては再発して、先が見えない時期もあったんですけど、やっぱり「スケートが大好き」という気持ちひとつだけで、リハビリもがんばってこられた。だから怪我をしてしまった選手には、競技に対する情熱を、その火が小さくなってもいいから、持ち続けてほしいと思います。ぼくの場合、松葉杖の生活を何ヵ月も経験して、まず陸上を歩くことからのスタートだった。だから氷に乗れるようになって、まず滑るだけで楽しかったんですよ。氷の感触とか、冷たい風を感じること、氷の上で自分の感じている感情を曲に乗せて表現できること。怪我をしたからこそ、そういう原点を改めて確認することができたと思います。

—— その間ずっと応援してきたファンの声も耳に届いていると思うのですが。

山本 自分が思っている以上に、応援していただいてきたなと思います。試合のときも自作のバナーを作って振ってくださっているのが目に入って実感しますし、以前、ファンの方から直接「ジュニアのころからずっと応援して、怪我をしてどん底を味わった草太くんも知っているから、これから何があっても引退するまで応援します」と言ってもらって、

すごく感動したんですよね。そういう方々に少しでも喜んでもらって、応援してきてよかったと思っていただけるように、自分のスケートをやっていきたいです。あと、今度公式バナータオルを出させていただくことになったんですけど、めちゃくちゃいい感じに出来て、ぼくのイメージと合う色合いとロゴになっていると思うので、自作のバナーとくっつけて応援してくださったらなと思います。

—— このあと、日本の観客の前で滑るのは全日本になりますが、抱負を聞かせてください。

山本 今シーズンのテーマとして全日本の表彰台を目標にしているので、そこを目指してさらにレベルアップしていけたらと思います。また世界選手権でしっかりリベンジができるように、自分を磨いていきたい。全日本で勝てたら世界で勝てるというくらい日本のレベルは高いので、しっかりと焦点を合わせつつ、どの試合でも安定した演技をできる域に達していきたいです。

*

グランプリ初戦はスケートカナダ。長い雌伏の時期を、何度もつまずき、それでも前を向いて一歩一歩進んできたからこそ培われた強靭さを秘めて、「新しい自分」を探る大切なシーズンへと踏み込んでいく。

強く美しい滑りを目指して

7月8日、ナショナルトレーニングセンターの関空アイスアリーナで
日本スケート連盟のシニア強化合宿が公開され
トップスケーターたちが新シーズンへの思いを語った。

リンクサイドから坂本花織にアドバイスを送るザカリー・ダナヒュー
コーチ

気心知れた仲間同士、練習の合間には笑顔で交流 （上：左から）鍵山優真、島田高志郎、佐藤駿 （下：左から）渡辺倫果、中井亜美、千葉百音

練習前になわとびでアップする島田麻央

Photos ©Manabu Takahashi

Photos©Manabu Takahashi

中村俊介と友野一希

鍵山優真と島田高志郎

プログラム練習の時間には地元の泉佐野市の方々が観覧に訪れた。練習を終えて観客にあいさつする選手たち

三浦佳生

通訳としても活躍した島田高志郎

濱田美栄コーチからプログラムの指導を受ける千葉百音

ダナヒューコーチのアドバイスを聞く三原舞依

今回の合宿には、世界女王の坂本花織をはじめ、三原舞依、樋口新葉、吉田陽菜、鍵山優真、三浦佳生、佐藤駿、山本草太、友野一希、島田高志郎らトップ選手が集まり、昨季ブレイクした渡辺倫果、今季からシニアに本格参戦する千葉百音と吉岡希がシニア合宿に初参加。さらに、世界ジュニア女王の島田麻央と中井亜美、中村俊介がジュニアから加わった。

氷上練習の講師には、北京オリンピックのアイスダンス銅メダリストであるザカリー・ダナヒューが昨年に続いて招かれ、坂本や三原にスライディングやバタフライジャンプといったパワフルなトリックを伝授するなど、各選手の新プログラムのブラッシュアップをサポート。全体練習では、スケーティングやステップの際のエッジの使い方から重心のかけ方、顔の付け方まで細かく指導にあたる。いい例と悪例をお手本で見せながら、いくつかのエクササイズを繰り返し行い、「ノービスやジュニアでなく、シニアらしい美しい滑りを見せて!」と、ときに厳しくも和気あいあいと選手たちを鼓舞した。

製氷の穴埋め作業は選手自らが行う

(左から)千葉百音、島田麻央、吉田陽菜

Photos ©Manabu Takahashi

鍵山優真

久しぶりに合宿でみんなと集まることができ、モチベーションも上がりました。今シーズンは継続のプログラムですが、ショートは力強さに脱力感も付け加え、フリーは美しいポーズや音の1つ1つをしっかり捉えるところが去年より成長している部分だと思います。

三浦佳生

この合宿は、ここで1つ気持ちを切り替えてまた新しいシーズンもがんばろうという気持ちになれます。4回転に関して、いまは感覚のいいループの実戦投入を想定していますが、フリップの練習も続けていきます。今シーズンは心臓を捧げるつもりで戦い抜きます。

友野一希

合宿では、若手の選手もどんどん出てきて、少し見ないうちにすごくうまくなっていたりしたので、自分もそういうスピード感で成長していけたらと改めて思いました。今シーズンは、自分の苦手とする部分が出る曲を選びました。特にフリーはあまり変化がない難しい曲なので、1つ1つのポジションや、スケーティングの伸びだったり、そういったものを改善して美しさを表現できたらなと思います。自分が最後には成長できるようなプログラムにしたい。自分が望むスケーター像っていうのを描きながら、しっかりそれに向かって努力していきたいです。試合についての目標は、やはり昨シーズン獲れなかった世界選手権でのメダルをしっかり目指します。

山本草太

ザック先生のスケーティングの時間で、まだまだスケーティングのほうでもっとできることがあるなと気づかされました。今シーズンのフリーは競技人生で一度は使いたいと思っていた素晴らしい曲（「エクソジェネシス交響曲」）なので、自分のプログラムにできるよう練習を積んでいきたいです。

中村俊介

周りの選手のレベルがすごく高くて、参考になることも多く、自分のレベルアップにつながる合宿でした。今シーズンは、ジュニアの試合は国際大会も含めて全部優勝するぞっていう気持ちでいきます。全日本では、8位という順位を目指しています。

島田高志郎

シニア合宿に参加させていただくのは 2019 年以来とかだと思うんですけど、もうすごく楽しいです。ショートは、ステファンコーチから「来シーズンもこのショートを見たい」と言っていただき、継続にしました。フリーの「死の舞踏」は、人形が操られているような振付が多くなっているので、不気味な世界観を作ることを目指しています。世界選手権を見終わってから目標を紙にまとめたんですけど、グランプリシリーズと全日本での表彰台、国際試合での 250 点以上をベースの目標としています。でも、自分のスケート人生のテーマが楽しんでやることなので、表現だったりとか自分の好きなスケートの部分を見ている方に伝えていくことを忘れずにいきたいです。

佐藤 駿

合宿では、すごくいいプログラムのブラッシュアップができました。今シーズンは最初から怪我なくいけているので、ジャンプだけじゃなく、スケーティングにも目を向けられています。今シーズンこそは、全日本の表彰台に乗れるようにがんばります。

吉岡 希

合宿では、みんな見せ方がすごい上手で、自分ももっとがんばらないとなって思っています。今シーズンのショートはローリー・ニコルさん振付で、海外に長期間行って作りました。この音にはこの動きと細かく決められている、すごいプログラムになっています。

坂本花織

ザカリー先生には、呼吸をするタイミングを見つけるというのを教えてもらいました。がんばりすぎて息を止めちゃう癖があるので、呼吸をして頭を切り替えるポイントを今後見つけていけたらと思います。オフには1週間以上滑らない期間を作って、九州に旅行に行きました。最近はずっと前向きで、スケートが楽しいという気持ちで滑れているので、心も体もすごくいい状態です。いろんな人に「スケートまたうまくなったね」とも言ってもらえて、めちゃくちゃうれしくなって、今後もがんばろうって思いました。モントリオールではストレスなくスピードに乗るというのを学んだので、シーズンに入ってもできるようにしていきたいと思います。

三原舞依

合宿では、動かしたことのない体の部分の動きを学べるので、いろんなところが筋肉痛になりながら、いろんな刺激が入ってきました。今シーズンは昨シーズンの世界選手権での悔しい気持ちを生かして、世界選手権やファイナルで表彰台に乗れるように、コンスタントにいい演技をし続けられるようにしたいなと思っています。この合宿中にたくさんプログラムを見ていただいて、「笑顔が素敵だから、もっとお客さまを引き込めるように。目の奥でお話をできるように」と言っていただきました。ザカリー先生には私に足りないパワフルさや強いメリハリを教えていただいたので、これから、ちょっとずつ毎日がんばっていけたらなと思います。

Photos ©Manabu Takahashi

島田麻央

素晴らしい選手がいるなかで練習させていただけたので、とてもよかったです。今回、ショートでは強くて少し悪い女性を表現していて、少しにらんでいる顔と楽しそうに踊っている顔を練習しています。フリーは神様に願いを込めるイメージで滑りたいと思います。

渡辺倫果

合宿はノービス以来の参加で、本当に楽しい時間を過ごしています。今季のフリーは初めてシェイリーン・ボーンさんとタッグを組ませていただいて、ジュニアの苦しい時期からいまの立場になるまでの過程を表現していけたらということになりました。

千葉百音
初めてシニア合宿に参加して、シニアの選手はスケーティングができているなって感じて、そことスピンの面を強化していくべきだなと思いました。今年から拠点を京都に移して、周りの刺激も受けながら、毎日1歩1歩成長できている実感があります。

樋口新葉
今回、膝や上半身を曲げて力強くスケーティングを押すというのをザック先生に教えてもらっているので、プログラムにも生かせたらいいなと思います。今シーズンは、自分が楽しめるような試合や練習をして、悔いの残らない1年にしたいです。

Photos ©Manabu Takahashi

吉田陽菜
今シーズン、ショートはすごく楽しい曲なので、みなさんに楽しんでもらえるように自分も楽しんで滑りたいです。フリーは鶴のイメージで、動画を見たり鳴き声を聞いたりしています。まだ考えながら滑っている部分が多いので、はやく体に染み込ませたいです。

中井亜美
初めてだったので緊張していたんですけど、お姉さんたちのいいところをすごく学べたので、よい経験になりました。今シーズンは新しい曲調にも挑戦するので、コンテンポラリーを始めました。体の使い方を少しずつ変えていって、成長できたらいいなと思います。

世界へ飛び込む準備

7月28日、関空アイスアリーナで全日本ジュニア強化合宿が公開された。
島田麻央、中井亜美らジュニアのトップ選手たちが、
ステップやジャンプに繋がるスケーティングの基礎を学んだ。

全体練習に参加するジュニア、ノービスの選手たち

垣内珀琉

中井亜美

島田麻央

高木謡

中田璃士

上薗恋奈

Photos ©Manabu Takahashi

蛯原大弥

氷上で選手たちに指導を行うザカ
リー・ダナヒュー

左から、花井咲良、金沢純禾、河野莉々愛

三島舞明

櫛田育良

柴山歩

村上遥奈

周藤集

西野太翔

ダナヒューの指導を受ける田内誠悟

奥野友莉菜

注目スケーター選手名鑑 2023-2024

オリンピックや世界のメダリストから注目のニューフェイスまで、
強化選手を中心に編集部が独自にピックアップ！

日本

MEN
41 男子シングル

WOMEN
54 女子シングル

PAIRS
66 ペア

ICE DANCE
68 アイスダンス

データの見方

❶生年月日 ❷出生地 ❸身長 ❹トレーニング地 ❺コーチ ❻主な戦績 ❼パーソナルベスト：総合（獲得大会）、SP/RD（獲得大会）、FS/FD（獲得大会）❽プログラム「SP/RD」（振付師）、「FS/FD」（振付師）　4回転 ISU公認大会でクリーンに着氷している4回転

【略記】**GP**＝グランプリシリーズ、**GPF**＝グランプリファイナル、**CS**＝チャレンジャーシリーズ、**JGP**＝ジュニアグランプリシリーズ、**JGPF**＝ジュニアグランプリファイナル、**世界J**＝世界ジュニア、**全日本J**＝全日本ジュニア、**全日本N**＝全日本ノービス
【4回転略記】**T**＝トウループ、**S**＝サルコウ、**Lo**＝ループ、**F**＝フリップ、**Lz**＝ルッツ

＊データはISUや各国公式サイトなどを参考に作成しました。2023年10月1日現在。

MEN 男子シングル

宇野昌磨	41
蛯原大弥	53
大島光翔	49
岡崎隼士	53
織田信成	51
垣内珀琉	52
鍵山優真	42
片伊勢武アミン	49
木科雄登	51
櫛田一樹	50
佐々木晴也	50
佐藤 駿	46
島田高志郎	47
杉山匠海	51
周藤 集	52
田内誠悟	52
高橋星名	53
壺井達也	48
友野一希	44
中田璃士	52
中村俊介	51
西野太翔	53
長谷川一輝	50
花井広人	53
本田ルーカス剛史	50
三浦佳生	43
三島舞明	52
三宅星南	49
山本草太	45
吉岡 希	48
吉野咲太朗	53

PAIRS ペア

清水咲衣&本田ルーカス剛史	67
長岡柚奈&森口澄士	67
三浦璃来&木原龍一	66

WOMEN 女子シングル

青木祐奈	62
上薗恋奈	65
江川マリア	63
大竹沙歩	65
大庭 雅	63
奥野友莉菜	64
金沢純禾	65
河辺愛菜	61
櫛田育良	64
河野莉々愛	65
坂本花織	54
柴山 歩	64
島田麻央	60
住吉りをん	62
髙木 謠	64
千葉百音	59
中井亜美	61
花井咲良	65
樋口新葉	56
本田真凜	63
松生理乃	62
三原舞依	55
三宅咲綺	62
村上遥奈	64
山下真瑚	63
吉田陽菜	58
和田薫子	65
渡辺倫果	57

ICE DANCE アイスダンス

岸本彩良&田村篤彦	69
小松原美里&小松原 尊	68
田中梓沙&西山真瑚	69
吉田唄菜&森田真沙也	69

＊ペア、アイスダンスは女子選手名の50音順

Shoma Uno

宇野昌磨

トヨタ自動車

日本フィギュア最多の3つのオリンピック・メダルを持ち、日本男子初となる世界選手権連覇の偉業を達成した世界チャンピオン。元世界王者のランビエルのもと、昨季は全戦全勝の強さでトップに君臨し続け、今夏にはアイスショーで「ワンピース」のヒーロー、ルフィを演じる新たな冒険に出た。天性の音楽性に加え、演技力にも磨きをかけ、表現者としての才を輝かせる。

©Yazuka Wada

❶1997年12月17日
❷名古屋 ❸158cm
❹愛知、シャンベリ
❺ステファン・ランビエル ❻23年世界1位、22年GPF1位、全日本1位。22年世界1位、五輪3位。19年四大陸1位。18年五輪2位。
❼312.48（22年世界）、109.63（22年世界）、204.47（22年GPF）
❽「Everything Everywhere All at Once」より（ステファン・ランビエル）、「Timeplace/Spiegel im Spiegel」（宮本賢二）
4回転 T、S、Lo、F

SENIOR

©Yauzka Wada

41

Yuma Kagiyama

鍵山優真

オリエンタルバイオ／中京大学

©Shinshokan

❶2003年5月5日
❷横浜 ❸160cm
❹名古屋 ❺鍵山正和、
カロリーナ・コストナー
❻22年全日本8位。
22年世界2位、五輪
2位、21年全日本3位。
21年世界2位、20年
全日本3位。20年世
界J2位、四大陸3位、
19年JGPF4位、全日
本3位、全日本J1位。
❼310.05（22年五
輪）、108.12（22年五
輪）、208.94（22年
五輪）❽「Believer」
（シェイリーン・ボー
ン）、「Rain, in Your
Black Eyes」（ロー
リー・ニコル）
❹回転 T、S、Lo

SENIOR

怪我からの完全復活を期する北京オリンピッ
ク銀メダリスト。左足首の疲労骨折により昨
季前半を断念し、全日本選手権で実戦復帰を
果たした。元オリンピアンの父・正和コーチ
と磨いたお手本のような淀みないスケーティ
ングが、流れのあるジャンプや躍動感のある
ステップを可能にし、完成度の高い演技を作
る。今季からはソチ銅のコストナーからも指
導を受ける。「ハイキュー!!」ファン。

©Yazuka Wada

Kao Miura

三浦佳生

オリエンタルバイオ／目黒日本大学高校

©Shinshokan

❶2005年6月8日
❷東京 ❸168cm
❹横浜 ❺佐藤紀子、
福井信子、岡島功治
❻23年世界J1位、四
大陸1位、22年GPF5
位、全日本6位。22
年世界J13位、四大陸
3位、21年全日本4位、
全日本J1位。20年全
日本7位、全日本J2位。
❼281.53（23年四大
陸）、94.96（22年
GPアメリカ）、189.63
（23年四大陸）
❽「This Place Was
A Shelter」（ブノワ・
リショー）、「進撃の巨
人」（シェイリーン・ボー
ン）
❹回転 T、S

SENIOR

2023年四大陸選手権を男子史上最年少で制
し、世界ジュニア選手権でも優勝。同一シー
ズンに2つのISU選手権タイトルを奪取した
スーパー高校生。スピード抜群の滑りから繰
り出される大胆なジャンプ、勢いあるパフォー
マンスで観客を圧倒する。羽生結弦と野球と
アニメが大好きで、今季のフリーには「進撃
の巨人」を採用。昨季悔しい思いをした全日
本で優勝すべく、"心臓を捧げ"雪辱を誓う。

©Yazuka Wada

Kazuki Tomono

友野一希

上野芝スケートクラブ

©Yazuka Wada

❶1998年5月15日
❷堺 ❸160cm
❹大阪
❺平池大人、杉田由香子、ミーシャ・ジー
❻23年世界6位、22年全日本3位。22年世界6位、四大陸2位、21年全日本5位。20年四大陸7位。18年全日本4位。18年世界5位。
❼273.41（23年世界）、101.12（22年世界）、180.73（23年世界）
❽「Underground」（ジェフリー・バトル）、「Halston」（ミーシャ・ジー）
④回転 T、S

SENIOR

昨季、10度目の挑戦で初めて全日本選手権の表彰台に上がり、3度目にして初めて補欠からの繰り上げではなく世界選手権代表に選出された。オープンな演技で物語を伝えるストーリーテラーとして知られ、リリカルなスローナンバーを採用した今季のSP、フリーは自分自身への挑戦状。SPではジェフリー・バトルと初タッグを組み、「演技後に静まり返るような演技がしたい」と新境地を目指す。サウナー。

©Yazuka Wada

Sota Yamamoto

山本草太

中京大学

©Kiyoshi Sakamoto

❶2000年1月10日
❷岸和田（大阪）
❸173cm ❹愛知
❺本郷裕子、山田満知子、村上友季子 ❻23年世界15位、22年GPF2位、全日本5位。21年全日本8位。20年全日本9位。19年全日本7位。18年全日本9位。15年世界J3位。❼274.35（22年GPF）、96.49（22年NHK杯）、179.49（22年GPF）❽「カメレオン」（デイヴィッド・ウィルソン）、「エクソジェネシス交響曲 第3番」（宮本賢二）
❹回転 T、S

SENIOR

昨季はGP2戦で表彰台に上がり、初めて進出したGPファイナルで2位に入る快進撃を見せた。世界選手権にも初出場し、2015年ジュニアGPファイナルで表彰台に上がって以降、右足首骨折の大けがを乗り越え、再び世界の舞台に名前を響かせた。今季のSPでは名振付師デイヴィッド・ウィルソンが選んだ挑戦的なナンバー「カメレオン」で"New SOTA"を披露する。サウナー。

男子シングル

©Yazuka Wada

45

Shun Sato

佐藤 駿

エームサービス／明治大学

©Shinshokan

❶2004年2月6日
❷仙台 ❸162cm
❹埼玉
❺日下匡力、浅野敬子、
無良崇人
❻23年四大陸3位、
22年GPF4位、全日
本4位。21年全日本7
位。20年全日本5位。
20年世界J6位、19
年JGPF1位、全日本
5位、全日本J2位。
❼264.99（21年GP
フランス）、87.82（21
年GPフランス）、
180.62（22年GPフィ
ンランド）
❽「リベルタンゴ」（宮
本賢二）、「四季」（ギ
ヨーム・シゼロン）
4回転 T、S、Lz

SENIOR

肩の怪我から復帰した昨季、GP2戦でメダル
を獲得し、GPファイナルに初進出、四大陸
選手権で初のISU選手権メダルを手にする
など完全復活を果たした。現役の日本男子で
は唯一4ルッツを跳ぶ優れたジャンパーで、
ジャンプが多く含まれるフリーを得意とし、
逆転劇を数々生んでいる。フリーで北京オリ
ンピック金のギヨーム・シゼロンの振付に挑
戦、夏にはアイスダンスのメッカ・モントリ
オールでスケーティングを鍛え直した。

©Yazuka Wada

Koshiro Shimada

島田高志郎

木下グループ

15歳で単身スイスに渡り、ステファン・ラン
ビエルに師事する22歳。昨季はとくにジェフ
リー・バトル振付のジャズをクールに踊るSP
が原動力となり、GPイギリス大会で4位、全
日本選手権では初のメダルを獲得した。きら
めくショーマンシップの持ち主で、シーズン
オフはアイスショーでも存在感を発揮、抜群
のスタイルを生かした「ワンピース・オン・ア
イス」のサンジ役も大きな話題になった。

© Manabu Takahashi

❶2001年9月11日
❷松山 ❸176cm
❹シャンベリ ❺ステ
ファン・ランビエル、ア
ンジェロ・ドルフィー
ニ ❻23年四大陸11
位、22年全日本2位。
21年全日本10位。19
年世界J9位、18年
JGPF3位。
❼247.43（23年CS
ネーベルホルン杯）、
90.55（21年CSワル
シャワ杯）、167.86
（23年CSネーベルホ
ルン杯）
❽「Sing Sing Sing」
（ジェフリー・バトル）、
「死の舞踏」（ステファ
ン・ランビエル）
❹回転 T、S

SENIOR

© Nobuaki Tanaka

©Shutterz

Tatsuya Tsuboi

壷井達也

シスメックス

①2002年12月17日
②岡崎（愛知）
③165cm ④兵庫
⑤中野園子、グレアム充子、川原星
⑥22年全日本9位。22年世界J3位、21年全日本9位。19年世界J14位、18年全日本J1位。
⑦244.90（22年GPフィンランド）、79.15（22年世界J）、166.08（22年GPフィンランド）
⑧「恋のアランフェス」（ザカリー・ダナヒュー）、「High Strung」（マッシモ・スカリ）
④回転 S

SENIOR

愛知県生まれで進学を機に関西へ移り、中野園子、グレアム充子らに師事。よく伸びる滑りと安定感のある演技を武器に、昨季は大学生の世界大会・ワールド・ユニバーシティ・ゲームズで銀メダルを獲得した。神戸大学3年生。

©Nobuaki Tanaka

Nozomu Yoshioka

吉岡 希

法政大学

©Shinshokan

①2003年12月15日
②大阪 ③168cm
④大阪 ⑤長光歌子、林祐輔 ⑥23年世界J3位、22年JGPF3位、全日本10位、全日本J1位。21年全日本20位、全日本J3位。20年全日本J11位 ⑦219.68（22年JGPチェコ）、76.44（23年世界J）、147.65（22年JGPチェコ）⑧「Lullaby for Sadness／Fate of the Clock maker」（ローリー・ニコル）、「パイレーツ・オブ・カリビアン」（吉野晃平）
④回転 T

SENIOR

世界ジュニア銅メダリストとして今季シニアデビューする。今季から、ジュニア時代にも指導を受けた長光歌子に再び師事。SPでは、たっての希望で憧れのデニス・テンも担当した名振付師ローリー・ニコルのプログラムに挑む。

©Yazuka Wada

Takeru Amine Kataise

片伊勢武アミン
関西大学

©Manabu Takahashi

❶2004年2月8日
❷島根
❸168cm ❹大阪
❺山井真美子
❻22年JGPF6位、全日本19位、全日本J2位。21年全日本14位、全日本J4位。20年全日本J10位。
❼234.24（22年JGPポーランド）、79.06（22年JGPポーランド）、155.18（22年JGPポーランド）
❽「アディオス・ノニーノ」（佐藤紀子）、「Tree of Life Suite」（鈴木明子）

今季シニアデビューする大学2年生。昨季は、ジュニアGP優勝、ジュニアGPファイナル進出と躍進し、念願の全日本ジュニア選手権メダルも獲得した。繊細な感性を持ち、長い手足を生かした優雅な滑りを見せる。アミンはミドルネーム。

©Kiyoshi Sakamoto

SENIOR

©Shinshokan

Sena Miyake

三宅星南 関空スケート

©Nobuaki Tanaka

❶2002年3月26日
❷岡山
❸176cm
❹大阪
❺長光歌子、細田采花、林祐輔
❻22年全日本12位。22年四大陸4位、21年全日本6位。20年全日本J3位。18年世界J18位。
❼240.02（22年四大陸）、79.67（22年四大陸）、160.35（22年四大陸）
❽「マリア」、「A Question Of Honor」（ともに岩本英嗣）
4回転 S

滑らかなスケーティングとエモーショナルな表現でドラマティックな世界を見せる大学4年生。昨季はフリーで「タイタニック」のジャックに、今季はSPで「ウエスト・サイド・ストーリー」のトニーに扮し、演技力でも観客を引き込む。国内大会では4トウも成功。

SENIOR

©Shinshokan

Kosho Oshima

大島光翔 明治大学

©Shinshokan

❶2003年2月15日
❷埼玉
❸173cm
❹埼玉
❺大島淳
❻22年全日本14位、21年全日本16位、全日本J5位。20年全日本18位、全日本J5位。
❽映画「ザ・スーパーマリオブラザーズ・ムービー」より（佐藤操）、「ムーラン・ルージュ」（シェイリーン・ボーン）

アイスショーで長らく活躍した父・大島淳に指導を仰ぎ、ユニークなアイディアとサプライズに富んだプログラムで観客を楽しませる。アイスショーではバックフリップも披露している。国際大会出場を狙う。6歳下の弟・佑翼もジュニアの選手。

SENIOR

49

©Takao Fujita

Haruya Sasaki
佐々木晴也 京都大学

©Manabu Takahashi

❶2003年9月17日
❷名古屋
❸171cm
❹宇治
❺濱田美栄
❻22年全日本15位、全日本J3位。20年全日本J22位。19年全日本J15位。
❽「Gira con me questa notte」(宮本賢二)、「ロミオとジュリエット」(樋口美穂子)

昨季は、受験による休養から見事なカムバックを遂げ、ジュニアラストシーズンで全日本ジュニア選手権3位、全日本選手権に初出場した。練習や陸上トレーニングを計画的に行った計算通りの復活劇だったという、今季はシニアに参戦する。

SENIOR

©Shinshokan

Kazuki Kushida
櫛田一樹 倉敷FSC

©Shinshokan

❶1999年6月9日
❷岡山
❸174cm
❹岡山
❺林祐輔、長光歌子
❻22年全日本20位。21年全日本17位。20年全日本16位。19年全日本18位。
❽「Say Something」、「Land of All」(ともに吉野晃平)

歯切れのいいルッツジャンプがトレードマークの24歳。ここ数年は スケーティング強化のため岡山の有川梨絵のもとでも練習し、昨季の全日本選手権フリーでは会心の4トウを決めて進境を示した。今季をラストシーズンと思い定めて臨む。

SENIOR

©Kiyoshi Sakamoto

Lucas Tsuyoshi Honda
本田ルーカス剛史 木下アカデミー

©Yazuka Wada

❶2002年9月15日
❷岸和田(大阪)
❸172cm ❹宇治
❺濱田美栄、佐藤洸彬、村元小月
❻22年全日本21位。22年世界J14位、21年全日本12位。20年全日本J1位。
❼225.89(21年CSオーストリア・カップ)、83.95(21年CSオーストリア・カップ)、141.94(21年CSオーストリア・カップ)
❽「Black Betty」(キャシー・リード)、「エクソジェネシス交響曲第3番」(樋口美穂子)

ペア転向に伴い、本格的なシングル競技は今季がラストと宣言。ペアへの本気度とシングルに真摯に向き合ってきた思いから「シングルへの未練を断ち切る1年」と決め、持ち前の踊り心あふれる演技で、観客も自分自身も楽しませる。

SENIOR

©Yazuka Wada

Kazuki Hasegawa
長谷川一輝 東京理科大学

©Yazuka Wada

❶2001年5月13日
❸164cm
❹東京
❺横谷花絵
❻22年全日本22位。21年全日本22位。20年全日本20位。19年全日本J13位。
❽「Happy」(横谷花絵)、「Ambush from Ten Sides」ほか

クラシカルな滑りが似合うシニア4年目で、全日本選手権に3年連続出場中。継続のSP「Happy」では小粋なジャズを軽やかに踊り、新たな一面を披露している。東京選手権では3アクセルを決めて上々の滑り出し。北海道出身。今季で現役に区切りの予定。

SENIOR

50

Takumi Sugiyama
杉山匠海 <small>岡山大学</small>

©Yazuka Wada

©Yazuka Wada

①2002年11月8日
②倉敷
③173cm
④岡山
⑤無良隆志、無良千絵、無良崇人、佐藤有香
⑥22年全日本27位。21年全日本19位。20年全日本25位。
⑧「Eleanor Rigby」(鈴木明子)、「G線上のアリア／メカニズム」(佐藤有香)

柔軟性が高く、ラインのきれいなスピンやスパイラルにも個性が光る。昨年末からは息子・崇人をジャンパーに育てた無良隆志に師事し、ジャンプの向上にも力を注ぐ。ジェイソン・ブラウンやカロリーナ・コストナーの美しい滑りが憧れ。

SENIOR

Yuto Kishina
木科雄登 <small>関西大学</small>

©Takao Fujita

©Yazuka Wada

①2001年10月15日
②岡山 ③170cm
④大阪
⑤濱田美栄、村元小月、佐藤洸彬
⑥22年全日本25位。21年全日本29位。20年全日本21位、全日本J4位。19年全日本14位、全日本J6位。
⑦191.80(18年JGPリトアニア)、68.98(18年JGPリトアニア)、122.82(18年JGPリトアニア)
⑧「Diablo Rojo」(キャシー・リード)、「プリマヴェーラ」(樋口美穂子)

関西大学アイススケート部の総主将を務める大学4年生。今季は、ここ2シーズンでSP落ちを喫して苦しんだ、全日本選手権でのリベンジを目指しつつも、結果にはこだわらず笑顔で終わることが目標。岡山出身で野球は広島カープファン。

SENIOR

Nobunari Oda
織田信成 <small>大阪スケート倶楽部</small>

©Kiyoshi Sakamoto

©Kiyoshi Sakamoto

①1987年3月25日
②高槻(大阪)
③164cm ④大阪
⑤織田憲子 ⑥13年GPF3位。11年世界6位、10年全日本2位、GPF2位。10年五輪7位。08年全日本1位。06年四大陸1位。
⑦262.98(13年ネーベルホルン杯)、87.65(09年GPF)、175.64(13年ネーベルホルン杯)
⑧「Nuvole Bianche」(宮本賢二)、「Angels(Beethoven AI)」「XXI」(ブノワ・リショー)
④回転 T

日本男子フィギュアの隆盛期を支えたオリンピアンが、昨年11月に8年ぶりに現役に電撃復帰。今季は、全日本選手権出場を目標に掲げ、初戦の近畿選手権から4回転を降りて表彰台に上がる絶好のスタートを切った。甥の信義もジュニアの選手。

SENIOR

Shunsuke Nakamura
中村俊介 <small>木下アカデミー</small>

©Shinshokan

©Yazuka Wada

①2005年8月6日
②名古屋 ③169cm
④宇治
⑤濱田美栄、佐藤洸彬、村元小月
⑥23年JGP大阪8位。22年JGPF4位、全日本11位、全日本J4位。21年全日本25位、全日本J6位。20年全日本17位、全日本J6位。
⑦219.65(22年JGPフランス)、77.68(22年JGPフランス)、141.97(22年JGPフランス)
⑧「El Conquistador」(キャシー・リード)、「ナザレの子」(宮本賢二)

思い切りのいい堂々とした演技が魅力の高校3年生。昨季はジュニアGP初優勝、ジュニアGPファイナルにも出場した。SP「El Conquistador(征服者)」では場を支配する力強い滑りを目指し、全日本ジュニア、世界ジュニアのタイトルを狙う。

JUNIOR

男子シングル

Rio Nakata
中田璃士　TOKIOインカラミ

©Shinshokan

①2008年9月8日
②カーディフ（ウェールズ）③162cm
④千葉
⑤中田誠人、中庭健介
⑥23年JGPトルコ2位、JGPタイ1位。22年全日本26位、全日本J5位。21年NA1位。20年全日本NA1位。
⑦222.35（23年JGPトルコ）、76.15（22年JGPポーランド）、148.80（23年JGPトルコ）
⑧「天使と悪魔」（宮本賢二）、「007」（岩本英嗣）
④回転 T

MFアカデミーで中庭健介と父・中田誠人に師事。昨季、ジュニアGPファイナルを逃したことから、今季は「去年とは違うぞと伝わる演技をしたい」とシリーズに臨み、2戦で表彰台に上がった。4トウも初成功し、有言実行のファイナル一番乗り。

JUNIOR

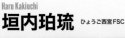

Haru Kakiuchi
垣内珀琉　ひょうご西宮FSC

©Takao Fujita

©Shinshokan

①2006年4月18日
②西宮③172cm
④西宮⑤淀粧也香、田中刑事、長光歌子
⑥23年JGPハンガリー3位、JGPオーストリア7位。22年全日本18位、全日本J6位。21年全日本J14位。20年全日本J13位。
⑦200.82（23年JGPハンガリー）、69.39（23年JGPオーストリア）、133.87（23年JGPハンガリー）
⑧「Caruso」（吉野晃平）、「Wake Me Up」（佐藤操）
④回転 T

淀粧也香、田中刑事に指導を仰ぎ、パフォーマンス力向上に力を入れる高校2年生。今季はジュニアGPで4トウを決めて銅メダルを獲得。全日本ジュニア選手権のメダル、ユースオリンピック出場を目指す。叔母は元宝塚の春あゆか。

JUNIOR

JUNIOR

Seigo Tauchi
田内誠悟　名東FSC

©Shinshokan

昨季は全日本選手権に初出場、全国中学校大会チャンピオンに輝いた。すらりとしたスタイルから劇的な演技を生む。3アクセル成功と全日本ジュニア選手権の表彰台が目標。

①2008年5月7日②鈴鹿③172cm④名古屋⑤門奈裕子ほか⑥23年JGP大阪10位。22年全日本23位、全日本J8位。⑦179.11、64.47（以上22年JGPポーランド2）、115.52（23年JGP大阪）⑧「Cloak and Dagger」ほか、「ムーラン・ルージュ」（ともに宮本賢二）

JUNIOR

Tsudoi Suto
周藤　集　ID学園高等学校

©Shinshokan

MFアカデミーで練習する高校2年生。SPでは失恋した女性を追いかける切なさを表し、フリーはラフマニノフの作曲時の苦悩を自身の経験に置き換えて演じる。

①2007年1月18日②千葉③164cm④千葉⑤中庭健介、中田誠人ほか⑥23年JGPタイ13位。22年全日本17位、全日本J7位。⑦183.30、69.64、113.66（すべて22年JGPラトビア）⑧「ベル・テ」、ラフマニノフ「ピアノ協奏曲第2番」（ともに宮本賢二）

JUNIOR

Masaya Mishima
三島舞明　名古屋FSC

©Shinshokan

8歳でスケートを始め、半年で2アクセルをマスターした生粋のジャンパー。今季初出場したジュニアGPで4トウを成功、サルコウ、ループ、ルッツを練習中。

①2007年5月8日②小牧（愛知）③172cm④名古屋⑤荻野正子、神野汐里⑥23年JGP大阪12位。22年全日本J24位。⑦173.21、54.58、118.63（すべて23年JGP大阪）⑧「United」、「Time in a Bottle」ほか（ともに神野汐里）④回転 T

JUNIOR
Daiya Ebihara
蛯原大弥　明治神宮外苑FSC

©Shinshokan

昨季の全日本ジュニア選手権での悔しいSP落ちから、今季はジュニアGP2戦で表彰台に上るまでに急成長中。流れのあるジャンプを跳ぶ中学3年生。

❶2008年8月27日 ❷東京 ❸163cm ❹東京 ❺岡島功治、佐藤紀子 ❻23年JGPポーランド3位、JGPトルコ3位。❼207.17、76.10、131.07（すべて23年JGPトルコ）❽「Etude for the Dreamer」（佐藤紀子）、「ミッションインポッシブル」（岩本英嗣）

JUNIOR
Sena Takahashi
高橋星名　木下アカデミー

©Shinshokan

昨季の全日本ノービスAで優勝し、今季ジュニアに上がる中学2年生。大人顔負けのアピール力で観客を楽しませる。濱田美栄のもと、3アクセルに挑戦中。

❶2010年1月29日 ❷東京 ❸153cm ❹宇治 ❺濱田美栄、村元小月、佐藤洸彬、キャシー・リード ❻22年全日本J9位、全日本NA1位。21年全日本J12位、全日本NA3位。❽「タッカー」、「レ・ミゼラブル」（ともにキャシー・リード）

JUNIOR
Taiga Nishino
西野太翔　神奈川FSC

©Kiyoshi Sakamoto

佐藤操のもとで練習し、表現することが大好きな中学2年生。昨季は全日本ノービスAで2年連続の2位に入り、今季はジュニア1年目でジュニアGPに初挑戦した。

❶2009年10月16日 ❷東京 ❸149cm ❹横浜 ❺佐藤操 ❻23年JGPオーストリア9位。22年全日本J12位、全日本NA2位。❼175.90、49.65、126.25（すべて23年JGPオーストリア）❽「I Want You Back」、「Eleanor Rigby」（ともに佐藤操）

JUNIOR
Hiroto Hanai
花井広人　邦和みなとスケート部

©Shinshokan

昨季の全日本ノービス銅メダリストとして今季ジュニアデビュー。中学2年生ながらストイックに練習に臨み、安定感のある演技を見せる。3アクセル習得に奮闘中。

❶2010年3月15日 ❸150cm ❹名古屋 ❺成瀬葉里子、川梅みほ、須賀江里奈、立松香織、松田悠良、二村まこと ❻22年全日本J15位、全日本NA3位。21年全日本NA17位。❽チャイコフスキー「ピアノ協奏曲第1番」（松田悠良）、「Gettysburg」（吉野晃平）

NOVICE
Hayato Okazaki
岡崎隼士　蒼明学院中等部

©Kiyoshi Sakamoto

伸びやかな踊りが目を引く中学1年生。バレエ少年で、今季は地元のバレエ公演にアンサンブルで出演し、主役に憧れた「白鳥の湖」を選曲。コーチは元アイスダンサーの平井絵己。

❶2011年3月20日 ❸150cm ❹倉敷 ❺平井絵己、林祐輔、白神怜菜、白神瑠菜 ❻22年全日本NA5位。21年全日本NB1位。20年全日本NB2位。❽FS「白鳥の湖」（キャシー・リード）

NOVICE
Sakutaro Yoshino
吉野咲太朗　西武東伏見FSC

©Kiyoshi Sakamoto

昨季の全日本ノービスBで優勝した小学6年生。2歳でスケートを始め、堂に入ったパフォーマンスを見せる。羽生結弦やネイサン・チェンに憧れ、夢はオリンピック優勝。

❶2012年3月20日 ❸133cm ❹東京 ❺岸田和也 ❻22年全日本NB1位。21年全日本NB3位。❽FS「Wild Stallions」

Kaori Sakamoto

坂本花織

シスメックス

日本女子4人目のオリンピック・メダリストにして、2023年世界選手権で日本女子初の連覇を成し遂げた日本女子のリーダー。初めて世界女王として臨んだ昨季はプレッシャーやスランプと戦いながら、全日本選手権2年連続3度目の優勝を飾ったあと、再び世界の頂点に立った。今季のSPは、甥と姪誕生の喜びを、スケールの大きな滑りとともに初タッグとなるジェフリー・バトルの振付で表現する。

©Nobuaki Tanaka

❶2000年4月9日
❷神戸 ❸159cm
❹兵庫 ❺中野園子、グレアム充子、川原星
❻23年世界1位、22年GPF5位、全日本1位。22年世界1位、五輪3位。21年世界6位。19年世界5位、18年GPF4位。18年五輪6位、四大陸1位。❼236.09（22年世界）、80.32（22年世界）、155.77（22年世界）
❽「Baby, God Bless You」（ジェフリー・バトル）、「Wild Is The Wing／Feeling Good」（マリ＝フランス・デュブリュイユ）

SENIOR

©Yazuka Wada

Mai Mihara
三原舞依
シスメックス

昨季はGPファイナル初出場初優勝、シニアデビューシーズン以来6年ぶりに全日本選手権の表彰台に上がるなど、再び飛躍のシーズンを迎えた。休養や悔しい結果など、乗り越えた困難を、演技に映る強さと優しさに換えて観客に届ける。今季はSPでジェフリー・バトルと初タッグを組み、多幸感あふれるナンバーで、充実のときを楽しむ姿を披露。トリプルアクセルにも意欲的に取り組んでいる。

©Nobuaki Tanaka

❶1999年8月22日
❷神戸 ❸157cm
❹兵庫 ❺中野園子、グレアム充子、川原星
❻23年世界5位、22年GPF1位、全日本2位。22年四大陸1位。20年全日本5位。19年ユニバーシアード1位、四大陸3位。18年四大陸2位。17年世界5位、四大陸1位。
❼218.03（22年四大陸）、74.58（22年GPF）、145.41（22年四大陸）❽「To Love You More」（ジェフリー・バトル）、組曲「惑星」（デイヴィッド・ウィルソン）

SENIOR

©Yazuka Wada

55

Wakaba Higuchi

樋口新葉

ノエビア

©Shinshokan

❶2001年1月2日
❷東京 ❸152cm
❹東京 ❺岡島功治、
佐藤紀子 ❻22年世界
11位、五輪5位、21
年全日本2位。20年
全日本7位。20年四
大陸4位、19年全日本
2位。18年世界2位、
17年GPF6位。
❼214.44（22年五
輪）、79.73（21年CS
カップ・オブ・オースト
リア）、141.04（21年
GPフランス）
❽「Never Tear Us
Apart」、「Fix You／
Paradise」（ともに
シェイリーン・ボーン）

オリンピックの団体メダル、世界選
手権銀メダルを持つ実力者が、1
年の休養を経て競技に復帰する。
パワフルなジャンパーとしてジュニ
ア時代から同世代をけん引するとと
もに、トリプルアクセルを習得して
オリンピック出場の夢を叶えた。フ
リーは平昌オリンピック銅のアイス
ダンサー、シブタニ兄妹のプログラ
ムを見てコールドプレイの「Fix
You／Paradise」をチョイス。これ
までの経験と新たな始まりを爽やか
に表現する。

©Shinshokan

SENIOR

渡辺倫果

TOKIOインカラミ／法政大学

© Shinshokan

❶2002年7月19日 ❷千葉 ❸153cm ❹千葉 ❺中庭健介、中田誠人、南雲百恵、田之上彩 ❻23年世界10位、四大陸5位、22年GPF4位、全日本12位。22年世界J10位、21年全日本6位。❼213.14（22年CSロンバルディア杯）、72.58（22年GPF）、146.31（22年CSロンバルディア杯）❽「アバター」（宮本賢二）、「Brotsjor／Meeting Laura」ほか（シェイリーン・ボーン）

ジュニア時代はカナダで練習を積み、現在はMFアカデミーで中庭健介に師事。2021年全日本選手権でトリプルアクセルを決めて存在感を示すと、昨季はGPに補欠から初出場初優勝、GPファイナルと世界選手権に初出場と一気にトップシーンへと駆け上がった。フリーではシェイリーン・ボーンの振付に初めて挑戦し、"暗黒時代"と呼ぶジュニア時代から昨季の"スピード出世"まで、自身のスケート人生を描く。

SENIOR

©Nobuaki Tanaka

Hana Yoshida

吉田陽菜

木下アカデミー

©Shinshokan

❶2005年8月21日
❷名古屋 ❸155cm
❹宇治 ❺濱田美栄、
佐藤洸彬、村元小月
❻23年四大陸8位、
22年JGPF6位、
全日本6位。21年全
日本9位、全日本J4
位。20年全日本16
位、全日本J2位。❼
208.31（22年JGP
イタリア）、66.89（22
年JGPイタリア）、
141.42（22年JGP
イタリア）❽「Koo
Koo Fun」（ケイト
リン・ウィーバー）、
「Shakuhachi／La
Terre Vue Du Ciel」
（ローリー・ニコル）

SENIOR

木下アカデミーで濱田美栄に師事
する高校3年生。ノービス時代から
国内大会で成功させていた3アクセ
ルが現在では大きな武器となり、昨
季は念願のジュニアGPで2連勝し
てジュニアGPファイナルに進んだ。
今季はシニアに完全移行。SPでは
持ち前のポジティブオーラ全開で踊
り、ローリー・ニコル振付のフリーで
は「鶴」をテーマにたおやかな表現
に挑戦する。インターナショナルス
クール出身で英語も堪能。

©Yazuka Wada

Mone Chiba
千葉百音
木下アカデミー

今春から木下アカデミーで濱田美栄に指導を仰ぐ高校3年生。伸びやかな身のこなし、清廉な雰囲気で惹きつける。昨季は、全日本ジュニア選手権で2位に入ったほか、ジュニアGPで初メダル、四大陸選手権でも3位に入りISU選手権のメダルを手にするなど、世界の舞台でも活躍。今季からシニアに本格参戦し、2026年オリンピック出場を目指して、ジャンプの改良や4トウ習得にも乗り出した。

女子シングル

©Shinshokan

❶2005年5月1日
❷仙台 ❸155cm
❹宇治 ❺濱田美栄、村元小月、佐藤洸彬、キャシー・リード、ジスラン・ブリアン ❻23年四大陸3位、22年全日本5位、全日本J2位、21年全日本11位、全日本J3位。20年全日本20位、全日本J8位。19年全日本18位、全日本J6位。
❼205.82（22年JGPポーランド）、70.16（22年JGPポーランド）、137.70（23年四大陸）❽「黒い瞳」（ミーシャ・ジー）、「海の上のピアニスト」（鈴木明子）

SENIOR

©Manabu Takahashi

Mao Shimada

島田麻央

木下アカデミー

©Shinshokan

❶2008年10月30日
❷東京 ❸150cm
❹宇治 ❺濱田美栄、
村元小月、佐藤洸彬
❻23年JGP大阪1
位。23年世界J1位、
22年JGPF1位、全
日本3位、全日本J1
位。21年全日本J1位、
全日本NA1位。 ❼
224.54（23年世界
J）、73.78（23年J
GP大阪）、152.76
（23年世界J）
❽「Americano／
Composition」（ケイ
トリン・ウィーバー）、
「Benedictus」（ロー
リー・ニコル）

4回転とトリプルアクセルの両方を
跳ぶ世界ジュニア女王。昨季は全日
本ジュニア選手権、ジュニアGP
ファイナル、世界ジュニア選手権の
タイトルを総なめにし、ジュニアシー
ンではデビュー以来全戦全勝の強
さを誇る。濱田美栄のもとで磨いた
スケーティングやスピン、3回転＋
3回転などジャンプも完成度が高く、
大技に挑戦できるほどの地力を持
つオールラウンダーだ。今季はユー
スオリンピック出場が目標。

JUNIOR

Mana Kawabe

河辺愛菜

中京大学

©Nobuaki Tanaka

❶2004年10月31日
❷名古屋 ❸156cm
❹豊田 ❺樋口美穂
子 ❻22年全日本9
位。22年世界15位、
五輪23位、21年全
日本3位。20年全日
本6位。20年世界J
11位、ユース五輪4
位、19年全日本13
位、全日本J1位。
❼205.44（21年
NHK杯）、73.88
（21年NHK杯）、
133.22(21年GPカ
ナダ) ❽「Haunted
／Lick it」、「ボレロ」
（ともに樋口美穂子）

北京オリンピック後に名
古屋へ戻り樋口美穂子の
もとで次なるスタートを
切った昨季、海外のGP
で初メダルを獲得する成
果をあげた。色香の薫る
ダンサブルなプログラム
で新たな魅力を花開かせ、
今季はフリーで「ボレロ」
に挑む。

SENIOR

©Yazuka Wada

女子シングル

Ami Nakai

中井亜美

TOKIOインカラミ

©Shinshokan

❶2008年4月27日
❷新潟 ❸148cm
❹千葉 ❺中庭健介、
中田誠人、南雲百恵、
田之上彩、瀬尾茜 ❻
23年JGPトルコ1
位、JGPタイ1位。
23年世界J3位、
22年JGPF4位、全
日本4位、全日本J
3位。21年全日本J
7位。❼205.90、
69.00、136.90(す
べて22年JGPポー
ランド) ❽「Baby,
God Bless You」(鈴
木明子)、「Glimmer
of Faith／Only
Hope」(デイヴィッ
ド・ウィルソン)

世界ジュニア選手権で銅
メダルに輝いたトリプル
アクセルジャンパー。昨
季は全日本選手権でも4
位に入り、国内外で溌溂
とした魅力と実力をお披
露目。今季もジュニアGP
で2勝、2年連続でジュ
ニアGPファイナル進出
を決めている。

©Nobuaki Tanaka

JUNIOR

61

Rion Sumiyoshi

住吉りをん
オリエンタル
バイオ／明治大学

©Shutterz

©Shinshokan

❶2003年8月15日
❷東京
❸156cm
❹東京
❺岡島功治、佐藤紀子 ❻22年全日本14位。22年世界J8位、21年全日本8位、全日本JJ2位。20年全日本12位、全日本J5位。18年全日本J9位。
❼194.34 (22年GPフランス)、68.01 (22年NHK杯)、130.24 (22年GPフランス) ❽「Blood In The Water」(ミーシャ・ジー)、「Enchantress」(シェイリーン・ボーン)

昨季はシニア1年目にしてGP2戦で表彰台に上がる活躍を見せ、大学生の世界大会であるワールド・ユニバーシティ・ゲームズでも4位に入った。練習では4トウを成功させており、全日本選手権ではわずかに回転不足ながら降りて進境を示した。

Yuna Aoki

青木祐奈
日本大学

©Yazuka Wada

❶2002年1月10日
❷神奈川
❸156cm
❹千葉
❺中庭健介、中田誠人、田之上彩、瀬尾茜 ❻22年全日本7位。21年全日本30位。20年全日本19位。❼154.24 (18年JGPカナダ)、54.81 (18年JGPカナダ)、99.43 (18年JGPカナダ) ❽「ヤング・アンド・ビューティフル」(青木祐奈)、「She」(ミーシャ・ジー)

©Yazuka Wada

東京選手権でトレードマークの3ルッツ＋3ループを決め、大学4年生のシーズンを気持ちよくスタート。SP「ヤング・アンド・ビューティフル」はこれまでの思い出を重ねて自ら振付け、フリー「She」はミーシャ・ジーの振付に自身のスケート人生を映す。

Rino Matsuike

松生理乃
中京大学

©Yazuka Wada

❶2004年10月10日
❷名古屋
❸151cm
❹名古屋
❺本郷裕子、山田満知子、村上まき季子 ❻22年全日本13位。22年四大陸5位、21年全日本7位。20年全日本4位、全日本J1位。
❼202.21 (22年四大陸)、66.41 (19年JGPラトビア)、142.05 (22年四大陸) ❽「One Day I'll Fly Away」(佐藤紀子)、「ネッラ・ファンタジア」(宮本賢二)

©Yazuka Wada

昨季は体調不良に苦しんだが、今季はシーズン序盤の国内大会からフリーの後半に3回転＋3回転を入れる攻めの構成に挑戦し、復調の兆しを見せる。今季の2つのプログラムには、爽やかかつスケール感のある得意のスローナンバーを選択。

Saki Miyake

三宅咲綺
岡山理科大学

©Yazuka Wada

❶2002年11月23日
❷岡山
❸154cm
❹兵庫
❺中野園子、グレアム充子、川原星 ❻22年全日本15位。21年全日本26位。19年全日本12位。❽「Never Enough」、「カルメン」(ともに鈴木明子)

©Yazuka Wada

中野園子、グレアム充子のもとで新たなスタートを切った。全日本選手権のSPで5位につけてフリーの最終グループに入り、SP落ちした前年大会からジャンプアップした。スケーティングやスピンのレベル向上についても手応えを語る。

©Yazuka Wada

Mako Yamashita
山下真瑚 中京大学

©Yazuka Wada

❶2002年12月31日
❷愛知
❸152cm
❹愛知
❺本郷裕子、山田満知子、村上友季子
❻22年全日本16位。21年全日本13位。20年全日本13位。19年全日本11位。18年全日本6位。18年世界J3位。
❼203.06（18年GPカナダ）、66.30（18年GPカナダ）、136.76（18年GPカナダ）
❽「She Is Like the Swallow」（鈴木明子）、「燃えよ剣」（宮本賢二）

SENIOR

山田満知子のもとで学び、高さと飛距離のある迫力のジャンプを跳ぶ大学3年生。シニア6年目を迎える今季は、"どこにでもいる普通の子じゃない"自分にしかできない音楽表現や演技を追い求める。中京大学スケート部で副将を務める。

©Yazuka Wada

Miyabi Oba
大庭 雅 東海東京FH

©Yazuka Wada

❶1995年8月8日
❷常滑（愛知）
❸162cm
❹愛知
❺門奈裕子、堀江里奈、大島悠
❻22年全日本20位。21年全日本19位。18年全日本19位。
❽「情熱大陸」（安藤美姫）、「Aesthetic」（安藤美姫、大庭雅）

SENIOR

大学卒業後も企業に所属してアスリートとして競技を続ける社会人スケーター。昨季の全日本選手権ではフリーで3回転+3回転に挑むなどまだまだ意欲と成長の渦中にある。今季のSP「情熱大陸」では安藤美姫振付で情熱的に舞う。

Maria Egawa
江川マリア 明治大学

©Shinshokan

❶2003年12月18日
❷福岡
❸158cm
❹千葉
❺中庭健介
❻22年全日本22位。21年全日本J16位。20年全日本J10位。
❽「river flows in you」（鈴木明子）、「O」（宮本賢二）

©Yazuka Wada

SENIOR

福岡出身で、大学進学にともなって昨季からMFアカデミーに移り、地元でも教わっていた中庭健介の指導を受ける。柔らかな動きのなかにもメリハリのついた演技が魅力で、昨季のインカレでは坂本花織、渡辺倫果に続く3位に入った。

©Shinshokan

Marin Honda
本田真凜 JAL

©Shinshokan

❶2001年8月21日
❷京都
❸163cm
❺佐藤信夫、佐藤久美子、小林れい子
❻22年全日本26位。21年全日本21位。19年全日本8位。17年世界J2位。16年世界J1位。
❼188.61（18年GPフランス）、65.37（18年GPフランス）、123.24（18年GPフランス）
❽「Faded」（シェイリーン・ボーン）、「リトル・マーメイド」（宮本賢二）

SENIOR

大学4年生として節目のシーズンを迎える。昨季は全日本でSP落ちを喫し、今季は自ら選曲しシェイリーン・ボーンに振付を依頼したSPで「自分のスケート人生の光と影」をテーマに滑る。「ワンピース・オン・アイス」出演も話題に。

Ikura Kushida
櫛田育良 木下アカデミー

©Nobuaki Tanaka

①2007年10月29日
②愛知
③164cm
④宇治
⑤濱田美栄、村元小月、佐藤洸彬
⑥22年全日本8位、全日本J4位。21年全日本J8位。20年全日本J12位、全日本NA4位。
⑦177.02（22年JGPチェコ）、62.79（23年JGP大阪）、121.35（22年JGPチェコ）
⑧「レッド・ヴァイオリン」（キャシー・リード）、「The Little Prince」（ケイトリン・ウィーバー）

©Shinshokan

JUNIOR

昨季はジュニアGP、全国中学校大会で表彰台に上がり、全日本選手権にも初出場。今季のフリーでは、振付のケイトリン・ウィーバーの案で「星の王子さま」が世話をしていたバラの花を、表情豊かに愛らしく演じる。目標は世界ジュニア選手権出場。

Ayumi Shibayama
柴山 歩 木下アカデミー

©Yazuka Wada

①2008年2月26日
②兵庫
③160cm
④宇治
⑤濱田美栄、村元小月、佐藤洸彬
⑥22年全日本10位、全日本J5位、21年全日本10位、全日本J6位、20年全日本J4位、全日本NA2位。
⑦188.39、67.09、121.30（すべて22年JGPフランス）
⑧「死の舞踏」（キャシー・リード）、「The Orangery Plan／The Beech Tree」（ケイトリン・ウィーバー）

©Shinshokan

木下アカデミーで練習を積む高校1年生。今季はジュニアGPで2年連続のメダルを獲得している。SPは「ガイコツ」、フリーは「ブナの木」がテーマ。すらりとしたスタイルを生かしたエレガントな演技を見せる。スピードとスケーティングの向上に注力。

JUNIOR
Haruna Murakami
村上遥奈 木下アカデミー

©Yazuka Wada

昨季はペアとしてジュニアGPファイナル、世界ジュニア選手権を経験、シングルでも全日本に初出場。今季からシングルに専念し、ジュニアGP初出場で表彰台に上がった。

①2008年7月30日 ②パース ③156cm ④宇治 ⑤濱田美栄ほか ⑥23年JGPオーストリア2位。22年全日本17位、全日本J8位。 ⑦168.37、62.66、105.71（すべて23年JGPオーストリア）⑧「Dance Monkey」、「Australia」（ともにキャシー・リード）

JUNIOR
Yo Takagi
髙木 謡 東京女子学院

©Yazuka Wada

MFアカデミーで練習する高校1年生。今季のフリーは三原舞依の演技に憧れ選曲し、明るく爽やかな魅力を披露した。ジュニアGP大阪大会で初メダルを獲得した。

①2007年12月15日 ②東京 ③156cm ④千葉 ⑤中庭健介、中田誠人ほか ⑥23年JGP大阪2位、JGPタイ6位。22年全日本21位、全日本J7位。 ⑦188.15、63.42、124.73（すべて23年JGP大阪）⑧「パリの空の下」（鈴木明子）、「ミッション」（宮本賢二）

JUNIOR
Yurina Okuno
奥野友莉菜 駒場学園高校

©Yazuka Wada

岡島功治に師事する高校1年生。昨季は全日本選手権や国際大会にも初挑戦し、今季は3回転＋3回転の精度と表現力アップに力を入れる。

①2007年2月18日 ②東京 ③159cm ④東京 ⑤岡島功治、佐藤紀子 ⑥22年全日本27位、全日本J6位。21年全日本J12位。 ⑧「エル・フラメンコ」（宮本賢二）、「南極大陸」（キャシー・リード）

JUNIOR

Kaoruko Wada
和田薫子
グランプリ
東海クラブ

©Shinshokan

SPは映画「美女と野獣」の楽曲で、純粋な愛がテーマ。表現は三原舞依を、ジャンプはクラブの先輩・山下真瑚をお手本に両立を目指す。目標は全日本選手権出場。

❶2009年5月13日 ❸145cm ❹名古屋 ❺本郷裕子、山田満知子、村上友季子 ❻22年全日本J10位、21年全日本J11位、全日本NA2位。20年全日本NA6位。❽「How Does A Moment Last Forever」(佐藤紀子)、「Sing For Me」(宮本賢二)

JUNIOR

Rena Uezono
上薗恋奈
LYS

©Kiyoshi Sakamoto

昨季の全日本ノービスAチャンピオン。今季は、ジュニア1年目でジュニアGP優勝、ファイナル進出を決めた中学1年生。鋭いジャンプと大人びた表情が目を引く。

❶2010年6月7日 ❷愛知 ❸157cm ❹愛知 ❺樋口美穂子 ❻22年全日本J13位、全日本NA1位。❼192.31、64.85、127.46 (すべて23年JGPポーランド) ❽「New Moon／F For You」、「Pray／Mechanisms」(ともに樋口美穂子)

NOVICE

Riria Kono
河野莉々愛
木下
アカデミー

©Shinshokan

昨季から木下アカデミーで濱田美栄に師事する小学6年生。「火の鳥」はバレエ作品を見て研究し、昨秋から練習を始めた3アクセルと4トウの習得にも意欲を見せる。

❶2011年5月16日 ❷愛媛 ❸139cm ❹宇治 ❺濱田美栄、村元沙月、佐藤洸彬、キャシー・リード、岡本治子 ❻22年全日本J12位、全日本NA4位。21年全日本NB3位。20年全日本NB6位。❽FS「火の鳥」(キャシー・リード)

NOVICE

Sumika Kanazawa
金沢純禾
木下アカデミー

©Shinshokan

3歳のときに北海道でスケートを始め、8歳から濱田美栄の指導を受ける。スピード抜群の演技で、昨季は全日本ノービスB優勝。今季はノービスの大台100点超えを目指す。

❶2012年2月28日 ❷北海道 ❸145cm ❹宇治 ❺濱田美栄、村元沙月、佐藤洸彬、岡本治子、キャシー・リード ❻22年全日本NB1位。21年全日本NB4位。❽FS「E.T.」(キャシー・リード)

NOVICE

Saho Otake
大竹沙歩
MFアカデミー

©Kiyoshi Sakamoto

3アクセル習得を目指す中学1年生。ダンスレッスンにも力を注ぎ、音楽性に富んだ演技が光る。今季のフリー「四季」では冬から春へと希望を持って歩むイメージを表現する。

❶2010年12月28日 ❸141cm ❹千葉 ❺中庭健介、中田誠人、南雲百恵、田之上彩、瀬尾茜 ❻22年全日本NA6位。21年全日本NB1位。20年全日本NB3位。❽FS「四季」(南雲百恵)

NOVICE

Sara Hanai
花井咲良
邦和みなと
スケート部

©Shinshokan

3歳のときに浅田真央に憧れて、1歳上の兄・広人と一緒にスケートを始めた。フリー「CATS」ではシーンごとに様々な猫になり切る。夢はオリンピック出場。

❶2011年11月6日 ❸143cm ❹名古屋 ❺成瀬里子、川梅みほ、須賀江里奈、立松香織、松田悠良、二村 まこと ❻22年全日本NB2位。21年全日本NB14位。❽FS「CATS」(川梅みほ、松田悠良)

ペア

三浦璃来&木原龍一

木下グループ

昨季、GPファイナル、四大陸選手権、世界選手権と3つの主要大会すべてで優勝し、年間グランドスラムを達成した日本が誇る2人。日本のペアとして新記録を次々に打ち立て、世界の頂に立った後も、「見たことのないような技を組み込みたい」と常に新境地の開拓に意欲的。「初めて組んだ時から、合うと感じた」と語るほど息の合ったスケーティングと、多幸感あふれる雰囲気を生かした表現が魅力。

©Nobuaki Tanaka

三浦 ❶2001年12月17日 ❷宝塚 ❸146cm 木原 ❶1992年8月22日 ❷東海 ❸174cm ❹オークヴィル ❺ブルーノ・マルコット、メーガン・デュハメルほか ❻23年世界1位、四大陸1位、22年GPF1位、22年世界2位、五輪7位。21年世界10位。❼224.16（23年世界国別）、80.72（23年世界）、143.69（23年世界国別）❽「I put A Spell On You」、「Une chance qu' on s' a」（ともにジュリー・マルコット）

SENIOR

©Kiyoshi Sakamoto

66

長岡柚奈&森口澄士

木下アカデミー

©Kiyoshi Sakamoto

長岡
❶2005年7月13日
❷北海道
❸155cm

森口
❶2001年12月29日
❷京都
❸174cm
❹宇治
❺「君の瞳に恋してる」、「Space Table Symphony」(ともにキャシー・リード)

ペアとして世界ジュニア選手権に出場した森口と、ペア初挑戦の長岡による新チーム。長岡は結成を機に北海道から京都へ転居して練習に励む。8月の演技会では、結成したてとは思えないダイナミックなプログラムを披露した。

©Shinshokan

ペア

SENIOR

JUNIOR

清水咲衣&本田ルーカス剛史

木下アカデミー

©Shinshokan

今年5月に結成したペア初挑戦の2人による新ジュニアチーム。気品のある空気感が魅力で、デビューシーズンの今季は、本田の発案により物語性のある2つのプログラムに挑戦する。

清水
❶2005年8月10日 ❷大阪 ❸155cm
本田
❶2002年9月15日 ❷大阪 ❸170cm
❹宇治 ❺「白鳥の湖」、「ウエスト・サイド・ストーリー」(ともにキャシー・リード)

Misato Komatsubara & Takeru Komatsubara（Tim Koleto）

小松原美里&小松原 尊（コレト・ティム）

倉敷FSC

全日本選手権で4度の優勝を誇る日本のトップチーム。「チームココ」の愛称で親しまれている。私生活では2017年に結婚し、2020年に尊が日本国籍を取得。激戦を勝ち抜き、2022年北京オリンピックに初出場、渾身の演技で団体メダルに輝いた。世界チャンピオンを多数輩出しているモントリオールの名門チームでトレーニングを積み、「成長し続けなければ意味がない」と、次のオリンピック出場に向けてさらなる進化を誓う。

©Yazuka Wada

美里 ❶1992年7月28日 ❷東京 ❸158cm 尊 ❶1991年6月17日 ❷モンタナ ❸186cm ❹モントリオール ❺ロマン・アグノエル、マリ=フランス・デュブリュイユ、パトリス・ローゾン ❻23年四大陸7位。22年五輪22位、21年全日本1位。20年全日本1位。19年全日本1位。❼172.20(21年NHK杯)、68.88(22年GPカナダ)、104.07(21年NHK杯) ❽「ゴーストバスターズ」、「Loving you & Final Fantasy (Love Grows)」

SENIOR

アイスダンス

©Yazuka Wada

68

Utana Yoshida & Masaya Morita

吉田唄菜&森田真沙也

木下アカデミー

©Shinshokan

ユース五輪団体金の吉田と、世界ジュニア選手権出場の森田が、今年6月にチームを結成。「目標は全日本選手権優勝、四大陸と世界選手権出場」と高い目標を掲げる。若さと勢いにあふれる演技を武器に、シニアに参戦する。

吉田
❶2003年9月6日 ❷倉敷 ❸153cm
森田
❶2003年11月16日 ❷京都 ❸165cm ❹宇治
❽「Real Wild Child／Wild Thing」ほか、「Rise of the Phoenix」

Azusa Tanaka & Shingo Nishiyama

田中梓沙&西山真瑚

京都アクアリーナSC／早稲田大学

ユース五輪団体金の西山と、シングル選手として国際大会に出場経験のある田中による注目のチーム。結成を機にモントリオールに渡り、今季は色合いが180度異なる2つのプログラムを携えて全日本の表彰台を目指す。

田中 ❶2005年10月29日 ❷京都 ❸152cm
西山 ❶2002年1月24日 ❷東京 ❸173cm ❹モントリオール ❺ロマン・アグノエル、マリ＝フランス・デュブリュイユ、パトリス・ローゾン ❽「スーパーマリオブラザーズ」、「ジゼル」(ともにロマン・アグノエル)

アイスダンス

Sara Kishimoto & Atsuhiko Tamura

岸本彩良&田村篤彦

中京大中京高校／西武東伏見FSC

©Nobuaki Tanaka

今季、ジュニアグランプリシリーズにデビュー。2戦目のポーランド大会で表彰台に上がった。ユニークな振付を滑りこなすエンターテイナーであり、心から楽しんで滑る姿が眩しい。モントリオールを拠点に世界を目指す。

岸本 ❶2007年7月23日 ❷三重 ❸156cm 田村 ❶2004年1月3日 ❷東京 ❸167cm ❹東京、名古屋、モントリオール ❺R・アグノエル、M＝F・デュブリュイユ、P・ローゾン、樋口豊、砂山朱ほか ❻23年JGPポーランド3位、JGP大阪4位。 ❼150.85、59.74、91.11（すべて23年JGPポーランド）❽「Mr.Roboto」ほか、「Misirlou」ほか

国際交流で最高峰の学び場に

5月19日、京都・宇治で濱田美栄率いる木下アカデミーとステファン・ランビエルが指導する
チーム・シャンペリーの合同合宿が公開された。
濱田、ランビエル両コーチと、2チームでジャンプ指導にあたるジスラン・ブリアンも参加し、
宇野昌磨、島田高志郎、島田麻央らに最高峰の指導を行った。

合宿の参加者たち（宇野昌磨は、休養のため公開日は不参加）

濱田美栄
木下アカデミー ゼネラル・マネージャー

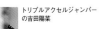

トリプルアクセルジャンパー
の吉田陽菜

今春から四大陸選手権銅メダリスト
の千葉百音がアカデミーに加わった

　今回の合宿で、いろんな文化交流も含め
て、生徒たちはいい経験をしていると思いま
す。この合宿は、3年前から計画をしていた
のですが、コロナでずっと延期していました。
ちっちゃい子たちはこういったことは初めて
なので、いつもとは違うメンバーとの交流が
いい刺激になっていると思います。
　アカデミーではペアが新しく誕生していま
すが、（森口）澄士は木原（龍一）選手に
憧れて始めました。（本田）ルーカスは連盟
のトライアウトがあって、木原選手たちのコー
チのブルーノ（・マルコット）さんが「向い
ているよ」と勧めてくださって、やろうと思っ
たみたいですね。それと、千葉百音が移籍
してきて、彼女はすごく真面目で熱心なので、
他の選手たちにもいい影響があると思いま
す。世界では、いまロシアが（国際大会に）
出てきていないですが、復帰することがある
と思うので、こちらも逃げずにアクセルや4
回転の指導を行っていこうと思っています。

ステファン・ランビエル

木下アカデミー ゲストコーチ

上／デニス・ヴァシリエフス
左／15歳からランビエルの
指導を受ける島田高志郎

今回の合同合宿は、スケーターたちにとって、それぞれ練習がどのように進められているのか、一緒に練習することでどんなことが生まれるのかを見る素晴らしい機会です。お互いにたくさんのよいところ、パワー、エネルギーを与え合っていると思います。木下アカデミー生のほとんどは、もうすでに世界の舞台に立っています。ぼくの小さな生徒たちにとっては、木下アカデミーの練習は印象的でしょうね。彼らにとっては、フィギュアスケートに対するプロフェッショナルな姿勢を見られるいい機会です。木下アカデミーのルーティンを吸収していってほしいですね。

今回、ほかの先生たちとも相談して、スケーティングスキルを磨く時間や技術のマスタークラスを設けました。2つのスクールのコラボレーションから生まれるエネルギーを見るのは興味深かったですよ。振付、プログラムの進行、スピン、ステップに関してなど、生徒たちのあらゆる要望にも応えられた合宿になりました。

スイス初の世界ジュニア銀メダリストとなった
ロッシ直樹の新プログラムの振付を担当

ジスラン・ブリアン

羽生結弦の指導にもあたった
ジャンプ指導のエキスパート

木下アカデミーの子どもたちはとても優秀ですが、いつも同じメンバーで練習しています。だから、他の人たちの様子も見ることで、木下の選手もスイスの選手も、モチベーションを高められるんじゃないかと考えました。実際、みんなにとってよいエネルギーになっていると思います。私はどちらのスクールとも一緒に仕事をしています。なので、両校が集まるのは有意義なことだと私が意見を言いました。

（島田）マオはすばらしいジャンパーで、すべてにおいて秀でています。だからこそ、彼女も、ほかの選手たちも、健康を保っていかなくてはならない。普段の指導においては、まず生徒が幸せであることを私はいつも第一に考えています。幸せであれば、より良いトレーニングができる。そして、自信を持たせることも重要です。いい気分であれば、さらに練習しやすくなりますから。もちろん、生徒にジャンプのメカニズムを理解させることも私の大切な仕事だと思っています。練習に近道はありません。近道をすると、怪我をしてしまいます。だから、基礎的なことをやり通すことが、どの選手にとっても必要です。

4回転とトリプルアクセルを跳ぶ島田麻央

JUNHWAN CHA

チャ・ジュンファン

どんなときも "1歩ずつ"

イリア・マリニンとのユニット "Illusions" として ENHYPEN「Given-Taken [Japanese Ver.]」でクールなダンスを披露した ©THE ICE2023

2022-2023シーズンを韓国男子初の世界選手権銀メダルという輝かしい結果で締めくくったチャ・ジュンファン。会場となったさいたまスーパーアリーナの大観衆を沸かせた韓国のエースは、この夏、日本のアイスショーからも多くのラブコールを受け、華やかな演技とダイナミックなテクニック、ショーを楽しむ柔らかな笑顔で日本の観客からも愛された。成功のシーズンを終えたいま、彼をアスリートとして突き動かすものは何なのか――。THE ICE2023ツアー真っ最中の8月、新シーズンへ向かう思いを聞いた。

■ 新たな挑戦、
■ ダンスユニット "イリュージョンズ"

―― ザ・アイスは昨年に続いて2度目の出演ですね。

ジュンファン またザ・アイスに戻ってこられてすごくうれしいです。このツアーは2、3週間くらいかけて回る長いツアーですが、その間、仲のいいスケーターのみんなと一緒にいて、ずっと楽しいんです。どの瞬間も楽しい思い出になっています。

―― 今回のツアーではフロアでのダンスにも挑戦しています。

ジュンファン ぼくにとってもまったく新しいチャレンジでした。ぼくはスケーターなので、やはりオフアイスで踊るのは氷の上とは全然違う。これもまたおもしろい経験になりました。

―― イリア・マリニン選手とのユニット "イリュージョンズ" としては?

ジュンファン それはもう、ぼくらはいい感

じだったよ。（笑）ぼく自身はどんなときも新しい学びを得たい、新しい経験をしたいと思っていて、それがこのプロジェクトの始まりでした。実際にダンスを教わる期間はすごく短かったんですが、ぼくらのパフォーマンスはショーごとにどんどんよくしていけたと思うし、またとない経験になったと思います。オフアイスで踊るのは楽しいし。それから、ダイスケ（高橋大輔）とケヴィン（・エイモズ）のダンスを見られたのもすごくよかった。ぼくらとはまた全然違うタイプの音楽で踊っていて、2人の踊りを見ているのも楽しかった。この企画に参加できて幸せでした。

よく学び、よく成長せよ

——　ザ・アイスは男子のトップ選手たちが集まっていますが、そのなかでも現役選手としては宇野昌磨選手、ジェイソン・ブラウン選手に次ぐキャリアになってきています。いま選手としてどんなことがモチベーションになっていますか。

ジュンファン　いま思うのは、そんなに特別なことではないんです。ただ歩みを進め続けたい、自分自身に挑戦し続けたいということ。それがいちばんのモチベーションです。それから、このショーもそうですし、競技会でも、トップ選手たちと一緒に滑ると、学べることがたくさんあります。ジャンプにしても、スピンにしても、スケーティングや音楽性、パフォーマンスでも。そういう瞬間1つ1つが、ぼくを突き動かしてくれるんです。

——　新プログラムについては何か音楽や振付のアイディアを考えていますか。

ジュンファン　はい、振付はすべて終わりました。まだまだ練習中でよくしていかないといけないけど、ひとまず第1バージョンの振付は終わったところかな。昨シーズンともちょっと違うスタイルなので、今シーズンのプログラムもまたぼくにとって大きなチャレンジになりそうです。いまはとにかく練習あるのみ。成果をお見せできるようにがんばります。

——　メンタル面での準備はいかがですか？いつも落ち着いているように見えますが。

ジュンファン　いや、ぼくは試合でもショーでもいつも緊張してますよ。でも、緊張感があるからこそ、いい演技ができることもあります。緊張することでしっかり集中しますし、もちろんしすぎるといい結果にはならないと思うので、自分をコントロールしないといけない。どんなときも「1歩ずつ」と自分に言い聞かせています。そうすることで、ベストを尽くすことができるし、演技を楽しむこともできる。ほかのことは考えずに、自分のスケートに集中することですね。

——　ショーでも同じように緊張を？

ジュンファン　ショーでは、どちらかというと、見てくれる方たちにいい演技を届けたいという気持ちからくる緊張感です。試合でもショーでも、つねにベストを尽くして楽しもうという点では同じ心持ちです。

——　スケーターとしてモットーにしていることはありますか。

インタビュー中にもコロコロと表情が変わる ©Manabu Takahashi

ジュンファン　何よりもまずは、よく学び、よく成長する。そしてどんなときもスケートを笑顔で楽しむ。同じ答えになっちゃうけど、そうやって自分のベストを尽くすことがぼくのモットーです。

―― 氷を離れて日常的に大事にしていることは?

ジュンファン　それも基本的には同じですね。

―― オンアイスとオフアイスで自分を分けない?

ジュンファン　パーソナルな面とスケートとは完全に切り離していると思うけど、スローガンとなると「よく学び、よく成長せよ」ということになるんだと思います。

―― マリニン選手は「クワド・ゴッド」と呼ばれていますが、もしご自身が何かのスペシャリストや「〇〇ゴッド」と呼ばれるとしたら、何がいいですか。

ジュンファン　難しい質問だな……考えたことなかった。(笑) 全然思いつかないや。

―― では、究極のスケーター像となるといかがですか。

ジュンファン　フィギュアスケートが持つテクニカルな面とアーティスティックな面をどちらも身につけることが、ぼくのゴールです……けど、どうだろう。友人たちのほうが何かそれらしい呼び名を付けてくれるかもしれません。(笑)

―― ご自身から見たチャ・ジュンファンの強さはどんなところにあると思いますか?

ジュンファン　強いて言うなら、いつも一生

新たな魅力が花開いた2022-2023シーズンSP「マイケル・ジャクソン・メドレー」はアイスショーでも大盛り上がり ©THE ICE2023

懸命努力ができるところかな。スケートの両面を手に入れようとがんばっているところがぼくの強みと言えるかもしれません。まだまだ先の長い話ではあるんだけどね。

―― ありがとうございます。新シーズンもご活躍を楽しみにしています。

(2023年8月上旬、THE ICE2023 盛岡公演にて取材)

取材・文:編集部
Text by World Figure Skating

ILIA MALININ

イリア・マリニン

誰も見たことがない
新しいぼくを見せる

エキシビション「Tout l'univers」は幻想的なスローナンバー ©THE ICE2023　77

グループナンバーではネイサン・チェンや宇野昌磨ら世界のトップ選手たちと共演 ©THE ICE2023

4回転アクセルを成功させるセンセーショナルなシニアデビューを飾った2022-2023シーズンを、世界選手権銅メダルという結果で締めくくったイリア・マリニン。並外れたジャンプの才能を世界の舞台に鳴り響かせるとともに、いまのままでは望む場所へと到達できないという学びを得たシーズンともなった。次なる課題は、自分らしいスタイルを見出し、表現力を育むこと。人懐っこくオープンマインドな性格でTHE ICEを全力で楽しんでいる彼に、次なるステップについて聞いた。

ジャンプと表現をひとつにする

── ザ・アイスでは新たな試みにも挑戦しましたね。ジュンファンとのフロアでのダンスはいかがでしたか。

マリニン　フロアで踊ることになるなんて、全然予測してなかったんだ！（笑）すごく新鮮だったし、何もかも楽しかった。いままでと全然違う経験ができたし、観客のみんなが驚いて、こんなことができるんだと思ってくれているのが伝わってきました。クリエイティブになることを後押ししてもらって、この経験は絶対スケートにも役立つだろうと思います。ジュンとはすごく仲がいいし、とにかく全部が楽しかった。

── フロアでのダンスの経験は？

マリニン　いまのところは全然。でもぼくは大学でダンスの課程をとるつもりだから、大学ではもっとダンスをやると思います。

── 世界選手権で戦った仲間たちとのアイスショーでした。

マリニン　自分自身、つねに自分の状態をトップにしておきたいと思っているから、彼らと一緒にいるのはモチベーションの面ですごくプラスです。昨季から連続して出演のメンバーも多かったし、もうすでに仲良くなっている。ショーの回数が多いから結構大変ではあるんだけど、最後にはやってよかった、楽しかった！　と思えるような素晴らしい体験なんです。どこから説明したらいいかわからないくらいで、本当に全部の経験が最高だった。来季もまた参加できたらいいな。

── 新しいSP「マラゲーニャ」も披露しました。昨季とはがらりと違う印象ですが。

マリニン　今季は普段自分が選ばなそうなものに挑戦したいと強く願っていました。現時点では、プログラムを作ったばかりで、全部の動きを叩き込んで観客の前で滑るのは大変だったけれど、シーズンが進むにつれてもっと自信を持って、楽に滑れるようになると思う。ジャンプと表現をひとつのプログラムにまとめあげた滑りをしたいです。振付はSPもフリーもシェイリーン（・ボーン）で、ぼくら2人の振付作業はすごくかみ合っているし、これから数シーズンは彼女とのプログラムになると思う。

互いに与えあえる
THE ICE の仲間と観客

── 昨シーズンの経験はいま自分にとってど

んな意味がありますか。

マリニン　成功したシーズンだったけど、同時にアップダウンもあった。だから全部の試合で表彰台に乗れたのはラッキーだったと思っています。昨シーズンの経験が、今シーズンしっかり進歩していくこと、全部がパーフェクトにできるよう努力していくことのエネルギーになると思う。

──　練習環境についてもうかがえますか。ご両親がコーチなのは変わらず？

マリニン　ええ。ぼくにとってはロールモデルでもある。両親とも2回もオリンピックに行っているオリンピアンだからね。自分たちがどれだけ厳しい練習を積んだかということで、両親はその伝統を息子であるぼくに受け継ごうとしています。それはぼくにとっても意義深いこと。ときどきはラフ（アルトゥニアンコーチ）のところでも練習しているけど、今年は大学に入学するので、カリフォルニアに行く頻度はどうなるかわかりません。

──　4アクセルは今季も取り入れますか。

マリニン　もちろん！　マッスルメモリーを保てるように、いつだって練習してるよ。

──　ザ・アイスでは最年少スケーターでもありましたが、年長の選手たちからはどんな刺激を受けていますか。

マリニン　彼らからいろんなものを受け取っている。ぼくよりみんなこの競技のキャリアが長いし、みんなを尊敬していて、アドバイスをもらっています。どうやったら自分のキャリアをよりよく築いていけるのか、しっかりと考えるモチベーションを彼らからもらっているんだ。だからぼくはザ・アイスで滑るのが大好き。照明も好きだし、音楽の表現を届けるためにスケーターのみんなが全力を尽くして、グループナンバーではお互いの協力や対話を通してよりよいものを作り上げようとしているところも。観客のみんなもすごく応援してくれる。ぼくたちが何かを渡すだけじゃなくて、みんなからも与えられているんです。ほかのスケーターたちにとっても同じで、ザ・アイスのファンは本当に素晴らしいと思う。

ぼくらが氷上で何か難しいこと、これまでにやったことがないことに挑戦すると、観客はちゃんとそれを見ていて、称えてくれる。そういうのって素晴らしいと思います。

──　今季はどんな目標を持っていますか。

マリニン　新しいプログラムは前よりも難しいし、強烈なところもあるから、まずはこれを滑り込むのが、これからのシーズンに向けてのぼくの挑戦のスタートライン。去年より面白いものになっていると思う。これまでやってきた自分のスタイルに慣れてしまっていたんだけど、今季は2つとも全然違うタイプの音楽に挑んでいるので、ぼく自身誰にも見せたことのない新しい自分の側面を出していけるんじゃないかと思っています。シーズンが始まったら、とにかく安定的でクリーンな演技をして、自信が持てるくらい進歩していけたらいいな。全部の試合で、いい結果を出せたらと思っています。

（2023年8月上旬、THE ICE2023盛岡公演にて取材）

取材・文：編集部
Text by World Figure Skating

©Manabu Takahashi

LOENA HENDRICKX

ルナ・ヘンドリックス

Living for Skating

©Manabu Takahashi

2022年世界選手権でベルギーのシングル選手初となるメダルを獲得。ユーロ女子のリーダーとして2022-2023シーズンに臨んだルナ・ヘンドリックスは、怪我や不調を乗り越えながら、出場大会すべてで表彰台に上がり、グランプリファイナルでは自身初、世界選手権では2年連続のメダルを手にした。シーズンオフには北米や日本のアイスショーにも数多く参加し、初登場したTHE ICEでもエネルギッシュなパフォーマンスで華を添えた。

■ モチベーションが高まる THE ICE

—— 初めてのザ・アイスはいかがですか。
このチームは素晴らしいです。同じヨーロッパのスケーターたちと一緒なのもうれしいし、ハイレベルなスケーターばかりなのでモチベーションも高くいられます。日本のこんなに大きなショーに出られて光栄です。お客さんも、会場の雰囲気も、ショー全部をすごく楽しめています。

—— 新SP「Living for Love」も披露していますが、選曲はどのように？
ルナ　コーチである兄のヨリックが最初にショートの前半の曲を探してくれて、そこから私が全体を構成していきました。もともとは4月に新しいSPを作っていたんですが、あまり曲がしっくりこなくて、ここへ来る直前に新しくしました。そのときに、アレンジャーの方が「Living for Love」を加えるのはどうかと提案してくれたんです。振付はアダム・ソリヤで、とても満足いくものができたと思います。

—— 彼の振付はどんなところが素晴らしい？

女子スケーターたちによる華やかなガールズコラボ。坂本花織、三原舞依との練習は「とても気さくで楽しい2人だから一緒に練習できて最高でした」©THE ICE2023

ルナ 彼だけのスタイルがあるのに、彼のプログラム1つ1つがまったく別物になるところです。スケーターのスタイルに合わせて彼自身が振付のスタイルを変えることができるので、彼の体がどう動くかではなく、私の体で滑ってぴったりくる振付を作ってくれる。それに、彼はベルギーに住んでいるので毎週のように一緒に練習できて、プログラムをいつも細かく見てもらえるので、変えたいと思ったらすぐに相談できます。振付師がすぐ近くにいてくれる最大の利点ですね。

—— 楽曲のタイトルは「Living for Love」ですが、ご自身に置き換えると何のために生きていると感じていますか。

ルナ あるときから、スケートこそが私の人生そのものだと思うようになりました。2019年から2020年に大きな怪我をしてスケートができない、試合にも出られない日々が2年近くあって。そのときに気がついたんです。スケートがどれほど自分の人生に欠かせないものか、どれほど恋しく思っているか。結果的にスケートへの愛の深さに気づかされました。私の場合、「Living for Skating」ですね。

▍才能があるから近道できる——は、ない

—— パワフルなパフォーマンスとスマートなジャンプが印象的ですが、テクニックの面ではどんな練習を?

ルナ 正直なところ、私にとってジャンプはすごく大変。とくにここまでショーが多く、少し足を痛めてしまったこともあり、あまりジャンプの練習ができていないので、練習量を増

やしていかないといけないと思っています。いまはちょっと怖さもあるくらい。でも、わかったことがあるんです。今回、普段よりも少ない練習でショーの数をこなしたことで、自分は一生懸命努力しないといけないんだと改めて気づきました。才能があるから近道できるなんてことはないんだなって。だから、目標を達成すべくいつも一生懸命努力しています。

—— スケーターとして成長し続けるうえで、大事なことはどんなことでしょうか。

ルナ 技術だけではないと思います。スケーティングやパフォーマンス、スピンもそうだし、テクニックだけじゃない全体のパッケージを大事にしていかないといけません。最近はスケーティングやパフォーマンスのことを忘れてしまっているスケーターも多いのかなと。私にとってフィギュアスケートは芸術。ジャンプにばかり集中している演技よりも、愛と情熱を持って滑っている人のほうが見たいと思ってしまう。それは、私自身がスケートを楽しむために大事にしていることでもあります。楽しんでいる姿をみなさんに見てもらいたいんです。ただ、テクニックだってもちろん大事。技術がなければトップでは戦えないから。両立することが理想です。とても難しいことだけれど、そうできるように努めています。

—— 今季はどんなシーズンにしたいと考えていますか。

ルナ 新シーズンもまた世界選手権のように楽しみたいです。前シーズン、なぜかはわからないけれど、じつは序盤は楽しむ気持ちが薄れてしまっていました。歳を重ねるにつれて練習について考えることも多くなったし、何をやっても以前より難しく感じる。その分、先輩たちへの敬意も倍増です。新シーズンは、ずっとスケートを楽しんで、そのうえですべての大会でメダルを獲れたら最高ですね。

—— ありがとうございます。素敵なシーズンになるようお祈りしています。

(2023年8月上旬、THE ICE2023盛岡公演にて取材)

取材・文：編集部
Text by World Figure Skating

KÉVIN AYMOZ

ケヴィン・エイモズ

勝ちたいと思うのは、
努力の過程を知りたいから

無二のパフォーマンススタイルで観客を魅了するケヴィン・エイモズ。昨シーズンは世界選手権で表彰台に迫る4位につけ、名実ともにトップシーンに名を連ねた。充実のときを迎えるなか、ユニークな演技でエンターテインメント性を追い求めてきた彼が、今季は新たな挑戦に打って出る。フリーでは数々のスケーターが名演を生んできた「ボレロ」に挑み、試合では勝利を追い求めるという。THE ICEでの来日中、挑戦の裏に隠された思いを聞いた。

▋ 夢が叶った高橋大輔とのダンスコラボ

—— 今年のザ・アイスのツアーはいかがですか。

エイモズ すごく楽しいです。また今年も呼んでもらえて、みなさんの前に戻ってこられて本当に幸せ。日本は母国のフランスの次にたくさん滑っている国で、大好きな場所。初めて来たときから観客のみなさんがとても温かく応援してくれて、感謝していますし、日本で滑るのは最高です。ザ・アイスのツアーは何もかもおもしろいですよ。みんなとチームとして滑ることも楽しいし、オフの日に友人として電車で一緒に出かけたり、遊んだりすることも楽しい。ありがたいですね。

—— 昨年のツアーではダンスバトルで優勝しましたが、今回はフロアのダンサーとしても活躍していますね。

エイモズ 本当にびっくりしたよ！ 最初に

ダンスをやらないかと言われたときは、「いいね、また氷の上で踊るか！」と思っていたんです。そしたら、フロアでのダンスだと言われてびっくりして、おまけにダイスケ（高橋大輔）と踊るよって言われてもう、オーマイガー！（笑）だって、ダイスケといえば、子どものころからテレビで見てきた人で、幼いぼくにとってはロックスターみたいな存在だった。だからもう本当に驚いたし、ありがたいし、まるで子どものころからの夢が叶ったみたいでした。一緒に戦うことを夢見た人と、いまぼくは一緒にフロアでダンスを踊っているわけです。子どものころのアイドルと、ですよ。幸せでしょ。

—— 一緒に踊ってみて高橋さんの印象は変わりましたか。

エイモズ 変わりました。もちろんいい方向で。彼はとても優しい人です。この幸せはどんな言葉でも言い表せないよ。プレゼントをもらった子どもみたいな、本当に幸せな気持ちです。

—— 普段の練習にもダンスを取り入れていますか。

エイモズ 幼いころはやっていました。ぼくが所属していたクラブではダンスを大事にしていたので、いろいろなダンスからスキルを学んでいました。もともとバトントワリングをやっていて、2、3年くらいはバトンの試合に出ていたこともありました。いろんなジャンルを身につけることはスケートにとってもためになるし、ダンスは続けています。特別うまいってわけじゃないけど、そもそも踊ることが大好きなんです。

▋ 誰もが知っている「ボレロ」をものにする

—— 今回披露している新しいプログラムについても教えてください。

エイモズ SP「Bird Gerhl」は、タイトル通り"鳥の少女"が自分自身を感じることができる場所——天国へ行くことができるという内容の歌詞です。ぼくにとって意味のある

メッセージ性の強い新SP「Bird Gerhl」©THE ICE2023

曲であり、この歌には悲しみを抱えた人たち
や、自分を殺すまいと踏みとどまる人たちの
闘いが込められています。美しい曲なんだ。
込められたメッセージも気に入っているし、
この曲のうえではぼくもぼく自身を感じること
ができるので選びました。

―― フリーの「ボレロ」は？

エイモズ 「ボレロ」は2年前にもコーチか
ら打診されていたんですが、当時はまだこの
曲で滑る準備ができていなくて一度断ってい
たんです。でも、いまはそうは思わない。
これまでクラシック・ナンバーを滑ってこなかっ
たし、違うスタイルに挑戦するのも大事だと
思って決めました。元来ぼくはつねに新しい
ことをしてみんなを驚かせるのが好きな人間
です。でも、すでに世の中に知れ渡っている
ものに挑戦することも大切なのかもしれない
と思って。多くのスケーターが「ボレロ」を
演じてきたからこそ、ぼくは「ボレロ」を演
じ切りたい。完全にぼくのバージョンとして。
ケヴィン・エイモズバージョンの「ボレロ」だ。
それが実現できると証明したいっていうんだ
から、本当に大変な挑戦です。

―― 昨シーズンは世界選手権で過去最高の
4位に入る成功のシーズンだったのではないで
しょうか。

エイモズ 簡単なシーズンではなかったけ
どね。チャレンジャーシリーズとグランプリ
ではトリプルアクセルやクワドトウを新しいプ
ログラムに入れられてうれしかったんだけど、
フランス選手権のときに怪我をしてしまって、
シーズン最後まで戦い抜けるかわからなくな
りました。それでも氷上に戻って小さなジャ
ンプから戻していき、シーズンの終わりには
1試合で2本の4回転を決めることができ
たのは幸せでした。そうだね、成功のシー
ズンだったと言えると思う。自分自身につい
ても多くのことを学んだし、準備の仕方や諦
めないという道も知った。ヨーロッパ選手権
で4位に終わったときはがっかりでした。4
位はぼくの辿り着きたい場所ではなかったか
ら。でもこの結果があったから自分を信じて

ダンス企画では憧れの高橋大輔と"Diamonds"としてAdoの「新時代」を踊った ©THE ICE2023

練習へ戻ることができた。「よし、世界選手権に向
けてできる限りの努力をしよう」と言われている気が
したんだ。そして、世界選手権でたどり着いた4位
は、こんどは「努力はいつか報われる」と教えてく
れる4位でした。あんなに「もう二度と4位になん
てなりたくない」と言っていたのに、大歓迎だったよ。
なんとも美しい瞬間でした。

―― 新シーズンへはどんな思いで臨んでいきますか。

エイモズ 新シーズンはアスリートとして結果を残
したいと思っています。でも、それは将来を見据え
ての目標というわけじゃなくて、もちろん試合には勝
ちたいと思って臨みますが、勝利が直接的な目的
なのではなく、ぼくが見ているのはそこまでのステッ
プです。勝利を求めて試合に臨むとき、ぼくは何を
しないといけない？ その瞬間を楽しむこと、努力
すること。もしそういう目標を全部達成していくこと
ができたら、ぼくは自分のプログラムにすべてを捧げ
られるし、それはすなわち勝ち筋に乗っているとい
うこと。だから、ぼくは試合で勝ちたいと思うし、い
ちばんは後悔をしたくないと思ってる。逆に、悔い
なく準備ができれば結果はついてくるよね。これが、
今回の世界選手権でぼくが成し遂げられたことだと
思います。結果のことは考えずに出来得ることはな
んでもしたし、すべてを注ぎ込んだ。ぼくの新シー
ズンの目標はまさにこれです。すべてを出し尽くした
先で見える結果はいかに――ってね。

―― 私たちも楽しみにしています。本日はありがとう
ございました。

(2023年8月上旬、THE ICE2023 盛岡公演にて取材)

取材・文：編集部
Text by World Figure Skating

フィギュアスケート 栄光のメダリストたち

2014 年以降の冬季オリンピック、世界選手権でメダルに輝いた男女シングル、ペア、アイスダンスの4種目の選手たちを紹介。

冬季オリンピック

2014 ソチ
男子　羽生結弦 (日本)
　　　パトリック・チャン (カナダ)
　　　デニス・テン (カザフスタン)
女子　アデリーナ・ソトニコワ (ロシア)
　　　キム・ヨナ (韓国)
　　　カロリーナ・コストナー (イタリア)
ペア　ヴォロジャル&トランコフ (ロシア)
　　　ストルボワ&クリモフ (ロシア)
　　　サフチェンコ&ゾルコーヴィ (ドイツ)
アイスダンス　デイヴィス&ホワイト (アメリカ)
　　　ヴァーチュー&モイア (カナダ)
　　　イリイニフ&カツァラポフ (ロシア)

2018 平昌
男子　羽生結弦 (日本)
　　　宇野昌磨 (日本)
　　　ハビエル・フェルナンデス (スペイン)
女子　アリーナ・ザギトワ
　　　(ロシアからのオリンピック選手)
　　　エフゲニア・メドヴェージェワ
　　　(ロシアからのオリンピック選手)
　　　ケイトリン・オズモンド (カナダ)
ペア　サフチェンコ&マッソ (ドイツ)
　　　スイ&ハン (中国)
　　　デュハメル&ラドフォード (カナダ)
アイスダンス　ヴァーチュー&モイア (カナダ)
　　　パパダキス&シゼロン (フランス)
　　　シブタニ&シブタニ (アメリカ)

2022 北京
男子　ネイサン・チェン (アメリカ)
　　　鍵山優真 (日本)
　　　宇野昌磨 (日本)
女子　アンナ・シェルバコワ
　　　(ロシアオリンピック委員会)
　　　アレクサンドラ・トゥルソワ
　　　(ロシアオリンピック委員会)
　　　坂本花織 (日本)
ペア　スイ&ハン (中国)
　　　タラソワ&モロゾフ
　　　(ロシアオリンピック委員会)
　　　ミーシナ&ガリャモフ
　　　(ロシアオリンピック委員会)
アイスダンス　パパダキス&シゼロン (フランス)
　　　シニツィナ&カツァラポフ
　　　(ロシアオリンピック委員会)
　　　ハベル&ダナヒュー (アメリカ)

世界選手権

2014 さいたま
男子　羽生結弦 (日本)
　　　町田 樹 (日本)
　　　ハビエル・フェルナンデス (スペイン)
女子　浅田真央 (日本)
　　　ユリア・リプニツカヤ (ロシア)
　　　カロリーナ・コストナー (イタリア)
ペア　サフチェンコ&ゾルコーヴィ (ドイツ)
　　　ストルボワ&クリモフ (ロシア)
　　　デュハメル&ラドフォード (カナダ)
アイスダンス　カッペリーニ&ラノッテ (イタリア)
　　　ウィーバー&ポジェ (カナダ)
　　　ペシャラ&ブルザ (フランス)

2015 上海
男子　ハビエル・フェルナンデス (スペイン)
　　　羽生結弦 (日本)
　　　デニス・テン (カザフスタン)
女子　エリザヴェータ・トゥクタミシェワ (ロシア)
　　　宮原知子 (日本)
　　　エレーナ・ラジオノワ (ロシア)
ペア　デュハメル&ラドフォード (カナダ)
　　　スイ&ハン (中国)
　　　パン&トン (中国)
アイスダンス　パパダキス&シゼロン (フランス)
　　　チョック&ベイツ (アメリカ)
　　　ウィーバー&ポジェ (カナダ)

2016 ボストン
男子　ハビエル・フェルナンデス (スペイン)
　　　羽生結弦 (日本)
　　　ジン・ボーヤン (中国)
女子　エフゲニア・メドヴェージェワ (ロシア)
　　　アシュリー・ワグナー (アメリカ)
　　　アンナ・ポゴリラヤ (ロシア)
ペア　デュハメル&ラドフォード (カナダ)
　　　スイ&ハン (中国)
　　　サフチェンコ&マッソ (ドイツ)
アイスダンス　パパダキス&シゼロン (フランス)
　　　シブタニ&シブタニ (アメリカ)
　　　チョック&ベイツ (アメリカ)

2017 ヘルシンキ
男子　羽生結弦 (日本)
　　　宇野昌磨 (日本)
　　　ジン・ボーヤン (中国)
女子　エフゲニア・メドヴェージェワ (ロシア)
　　　ケイトリン・オズモンド (カナダ)
　　　ガブリエル・デールマン (カナダ)
ペア　スイ&ハン (中国)
　　　サフチェンコ&マッソ (ドイツ)
　　　タラソワ&モロゾフ (ロシア)
アイスダンス　ヴァーチュー&モイア (カナダ)
　　　パパダキス&シゼロン (フランス)
　　　シブタニ&シブタニ (アメリカ)

2018 ミラノ
男子　ネイサン・チェン (アメリカ)
　　　宇野昌磨 (日本)
　　　ミハイル・コリヤダ (ロシア)
女子　ケイトリン・オズモンド (カナダ)
　　　樋口新葉 (日本)
　　　宮原知子 (日本)

ペア　サフチェンコ&マッソ (ドイツ)
　　　タラソワ&モロゾフ (ロシア)
　　　ジェイムズ&シプレ (フランス)
アイスダンス　パパダキス&シゼロン (フランス)
　　　ハベル&ダナヒュー (アメリカ)
　　　ウィーバー&ポジェ (カナダ)

2019 さいたま
男子　ネイサン・チェン (アメリカ)
　　　羽生結弦 (日本)
　　　ヴィンセント・ジョウ (アメリカ)
女子　アリーナ・ザギトワ (ロシア)
　　　エリザベット・トゥルシンバエワ (カザフスタン)
　　　エフゲニア・メドヴェージェワ (ロシア)
ペア　スイ&ハン (中国)
　　　タラソワ&モロゾフ (ロシア)
　　　ザビアコ&エンベルト (ロシア)
アイスダンス　パパダキス&シゼロン (フランス)
　　　シニツィナ&カツァラポフ (ロシア)
　　　ハベル&ダナヒュー (アメリカ)

2020 モントリオール　中止

2021 ストックホルム
男子　ネイサン・チェン (アメリカ)
　　　鍵山優真 (日本)
　　　羽生結弦 (日本)
女子　アンナ・シェルバコワ (ロシア)
　　　エリザヴェータ・トゥクタミシェワ (ロシア)
　　　アレクサンドラ・トゥルソワ (ロシア)
ペア　ミーシナ&ガリャモフ (ロシア)
　　　スイ&ハン (中国)
　　　ボイコワ&コズロフスキー (ロシア)
アイスダンス　シニツィナ&カツァラポフ (ロシア)
　　　ハベル&ダナヒュー (アメリカ)
　　　ギレス&ポワリエ (カナダ)

2022 モンペリエ
男子　宇野昌磨 (日本)
　　　鍵山優真 (日本)
　　　ヴィンセント・ジョウ (アメリカ)
女子　坂本花織 (日本)
　　　ルナ・ヘンドリックス (ベルギー)
　　　アリサ・リュウ (アメリカ)
ペア　ケネリム&フレイジャー (アメリカ)
　　　三浦璃来&木原龍一 (日本)
　　　ジェイムズ&ラドフォード (カナダ)
アイスダンス　パパダキス&シゼロン (フランス)
　　　ハベル&ダナヒュー (アメリカ)
　　　チョック&ベイツ (アメリカ)

2023 さいたま
男子　宇野昌磨 (日本)
　　　チャ・ジュンファン (韓国)
　　　イリア・マリニン (アメリカ)
女子　坂本花織 (日本)
　　　イ・ヘイン (韓国)
　　　ルナ・ヘンドリックス (ベルギー)
ペア　三浦璃来&木原龍一 (日本)
　　　ケネリム&フレイジャー (アメリカ)
　　　コンティ&マチイ (イタリア)
アイスダンス　チョック&ベイツ (アメリカ)
　　　ギナール&ファッブリ (イタリア)
　　　ギレス&ポワリエ (カナダ)

注目スケーター選手名鑑 2023-2024

オリンビックや世界のメダリストから話題のライジングスターまで、
今季のグランプリシリーズ出場選手を中心に編集部が独自にピックアップ!

海外

MEN
89 男子シングル

WOMEN
99 女子シングル

PAIRS
106 ペア

ICE DANCE
110 アイスダンス

データの見方

❶生年月日 ❷出生地 ❸身長 ❹トレーニング地 ❺コーチ ❻主な戦績 ❼パーソナルベスト:総合(獲得大会)、SP/RD(獲得大会)、FS/FD(獲得大会) ❽プログラム「SP/RD」(振付師)、「FS/FD」(振付師) 4回転 ISU公認大会で着氷している4回転

【略記】GP=グランプリシリーズ、GPF=グランプリファイナル、CS=チャレンジャーシリーズ、JGP=ジュニアグランプリシリーズ、JGPF=ジュニアグランプリファイナル、世界J=世界ジュニア
【4回転略記】T=トウループ、S=サルコウ、Lo=ループ、F=フリップ、Lz=ルッツ、A=アクセル

＊データはISUや各国公式サイトなどを参考に作成しました。2023年10月1日現在。

選手名索引（50音順）

*各選手のラストネームを50音順に掲載
*ペア、アイスダンスは、女子選手のラストネームの50音順

MEN 男子シングル

イ (シヒョン)	98
ヴァシリエフス	94
エイモズ	91
エガッゼ	95
エコノミド	95
オーゼル	97
カリリョ	98
キョン (ジェソク)	98
グラッスル	94
ゴゴレフ	97
ゴロドニツキー	95
サドフスキー	98
シャイドロフ	98
シャオイムファ	93
ジン (ボーヤン)	94
セレフコ	95
チェン (ユードン)	98
チャ (ジュンファン)	89
チュウ (ウェズリー)	97
トルガシェフ	96
ナウモフ	97
ノルデバック	96
樋渡知樹	97
ブラウン	92
フランジパーニ	95
ブリッチギー	94
ブルキネン	96
ブルッサード	97
マ (ジミー)	96
マリニン	90
メモラ	96
リッツォ	93
リトヴィンツェフ	95
ロッシ直樹	96

WOMEN 女子シングル

アン (シャンイー)	104
アンドルーズ	103
イ (ヘイン)	99
イリキネン	105
ウィ (ソヨン)	104
キム (イェリム)	102
キム (チェヨン)	104
グットマン	105
グバノワ	102
クラコワ	105
グレン	103
ジーグラー	103
シザス	104
シン (オードリー)	103
シン (ジア)	102
セルナ	105
ソーングレン	103
テネル	103
ピンザローネ	105
ファン・ズンデルト	105
ペトルキナ	104
ヘンドリックス	100
ユ (ヨン)	104
リポンド	102
レヴィト	101

PAIRS ペア

カルダーラ＆マーリオ	108
カム＆オシェイ	109
ギラルディ＆アンブロジーニ	107
コヴァレフ＆コヴァレフ	108
ゴルベワ＆ジオトポリス・ムーア	109
コンティ＆マチイ	106
ステラート＝ドゥダク＆デシャン	107
ダニロワ＆ツィーバ	108
チャン＆ハウ	107
パヴロワ＆スヴィアチェンコ	108
ハーゼ＆ボロジン	108
パン＆ワン	109
ベッカリー＆グアリーゼ	108
ペレイラ＆ミショー	107
プラザス＆フェルナンデス	109
ホッケ＆クンケル	107
マッキントッシュ＆ミマール	109
ラウリン＆エシレ	109

ICE DANCE アイスダンス

イム＆クァン	116
折原裕香＆ピリネン	116
カザコワ＆レヴィヤ	117
カレイラ＆ポノマレンコ	115
ギナール＆ファッブリ	111
ギレス＆ポワリエ	112
グリーン＆パーソンズ	115
ジンガス＆コレスニク	115
スマート＆ディーク	117
タシュレロワ＆タシュラー	116
チョック＆ベイツ	110
ドゥモジョ＆ル・メルシェ	117
トゥルッキラ＆ヴェルスルイス	114
ハワイエク＆ベイカー	115
フィアー＆ギブソン	113
ブラッティ＆サマーヴィル	115
フルニエ・ボードリー＆サーレンスン	114
ペイト＆バイ	115
ムラズコワ＆ムラゼック	117
ヤンセ・ファン・レンスバーグ＆シュテファン	117
ラジョア＆ラガ	114
リード＆アンブルレヴィチウス	116
ロパレワ＆ブリッソー	117
ローリオ＆ル・ガック	116
ワン＆リュウ	116

Junhwan Cha

チャ・ジュンファン

韓国

🇰🇷

©Manabu Takahashi

❶2001年10月21日
❷ソウル
❸178cm
❹ソウル
❺チ・ヒョンジュン
❻23年世界2位、四大陸4位。22年五輪5位、四大陸1位。21年世界10位。20年四大陸5位。18年五輪15位。
❼296.03（23年世界）、101.33（23年世界国別）、196.39（23年世界）
❽「仮面舞踏会」、「バットマンのテーマ」（ともにS・ボーン）
❹回転 T、S

韓国男子フィギュアに金字塔を打ち立て続ける世界選手権銀メダリスト。2017年のシニア転向以降、GPファイナルのメダル、ISU選手権タイトルなどを次々叶え、ついに韓国男子で初めて世界選手権の表彰台に上がった。長身が映える迫力のテクニックと、伸びやかなスケーティング、視線を集めるドラマティックな表現をあわせ持ち、指折りのオールラウンダーに成長。現在は大学に通いながら韓国で練習している。愛猫家。

男子シングル

©Nobuaki Tanaka

Ilia Malinin

イリア・マリニン

アメリカ

昨季、シニアデビューと同時に史上初の4アクセルを成功させ、競技の限界を引き上げた18歳の"クワド・ゴッド"。シーズンを通して成功率高く大技を決め、GPファイナルと世界選手権の銅メダルを含め、出場大会すべてでメダルを奪取。全米選手権では6年ぶりに誕生した新チャンピオンとして王座についた。コーチである両親は、ともに元ウズベキスタン代表、10歳下の妹も練習に励むスケート一家。

©Yazuka Wada

❶2004年12月2日
❷フェアファックス
❸168cm
❹レストン
❺T・マリニナ、R・スコルニアコフ、R・アルトゥニアン
❻23年世界3位、全米1位、22年GPF3位。22年世界J1位、世界9位、全米2位。20年世界J16位。
❼288.44（23年世界）、105.90（23年世界国別）、194.29（22年GPアメリカ）
❽「マラゲーニャ」、「Succession」（ともにS・ボーン）、
4回転 T、S、F、Lz、A

©Yazuka Wada

Kevin Aymoz

ケヴィン・エイモズ

フランス

©Manabu Takahashi

❶1997年8月1日
❷エシロル
❸160cm
❹エレントン、グルノーブル
❺S・フォンタナ、J・ジマーマン、F・ボナール
❻23年世界4位、欧州4位。22年世界11位、五輪12位、欧州7位、フランス1位。21年世界9位。19年GPF3位。
❼282.97(23年世界)、100.58(23年世界国別)、187.41(23年世界)
❽「Bird Gerhl」、「ボレロ」
4回転 T

男子シングル

2023年さいたま世界選手権でセンセーショナルな演技を2つ揃えて満場を熱狂させ、表彰台に迫る4位。昨季は怪我や不調に見舞われながらも、3年ぶりのGPメダル獲得、さいたまで最高のフィナーレを迎えるなどハイライトを作った。苦しいなかで心身のマネジメントを学び、決意新たに臨む今季、フィギュア界きってのダンサーが名曲「ボレロ」に挑む。狙うは、ヨーロッパ選手権の表彰台。

©Yazuka Wada

Jason Brown
ジェイソン・ブラウン
アメリカ

男子シングル

©Shinshokan

❶1994年12月15日
❷ロサンジェルス
❸173cm
❹トロント
❺T・ウィルソン、B・オーサー
❻23年世界5位、全米2位。22年五輪6位。21年世界7位。20年四大陸2位。15年世界4位、全米1位。14年五輪9位。
❼281.24（22年五輪）、97.24（22年五輪）、185.87（23年世界）
❽「Adiós」、「ターザン:REBORN」（ともにR・ウォード）

昨季は、春から年末にかけて世界中のアイスショーを渡り、GPにはメディアの立場で参加。11月に競技復帰を宣言し、今年1月の全米選手権で勢いある若手たちに割って入る2位につけ、華麗なカムバックを遂げた。さいたま世界選手権では大好きな日本の観客の前で、アイスショーのなかで磨かれた演技を披露、フリーでは自己ベストを更新した。競技とショーの両立という新たなキャリアモデルを築く28歳。

©Yazuka Wada

92

©Shinshokan

Adam Siao Him Fa
アダム・シャオイムファ
フランス

- ❶2001年1月31日
- ❷ボルドー
- ❸167cm
- ❹ニース
- ❺C・トゥール、R・マルシャル、B・リショー
- ❻23年世界10位、欧州1位、フランス1位。22年五輪14位、世界8位。20年世界J7位、欧州11位。
- ❼279.57 (23年CSネーベルホルン杯)、96.53 (23年欧州)、184.40 (23年ネーベルホルン杯)
- ❽「The Prophet」、「Departure」ほか (B・リショー)
- 4回転 T、S、Lz

12年ぶりにフランスにタイトルをもたらしたユーロ・チャンピオン。ジュニア時代にパワフルな4回転ジャンパーとして頭角を現したが、近年ではブノワ・リショーとのタッグのなかで表現面を洗練させ、独創的な感性で演じるプログラムは選手のあいだでも人気。

©Yazuka Wada

©Shinshokan

Matteo Rizzo
マッテオ・リッツォ
イタリア

- ❶1998年9月5日
- ❷ローマ
- ❸171cm
- ❹ベルガモ
- ❺F・ビアンコーニ、V・リッツォ、O・ホタレック
- ❻23年世界9位、欧州2位。22年世界10位、五輪16位。21年世界11位。20年欧州5位。19年世界7位、欧州3位。18年五輪21位。
- ❼275.36 (23年世界国別)、93.37 (19年世界)、187.35 (23年世界国別)
- ❽「Dernière Danse」(M・スカリ)、「Fix You」(L・ラノッテ)
- 4回転 T、Lo

ヨーロッパ選手権で2つ目のメダルを獲得したイタリア男子のリーダー。昨季は苦しい局面も少なくなかったが、攻めの姿勢を崩さず、4ループ習得や3年ぶりのGPメダルと成果をあげた。両親と姉が元アイスダンサーというアイスダンス一家からシングル選手に。

©Yazuka Wada

男子シングル

93

Daniel Grassl
ダニエル・グラッスル
イタリア

❶2002年4月4日
❷メラーノ
❸175cm
❹イタリア
❻23年世界12位、欧州6位、22年GPF6位。22年世界7位、五輪7位、欧州2位、イタリア1位。21年世界12位。20年世界J4位、欧州4位、19年JGPF6位。
❼278.07（22年五輪）、97.62（22年世界）、187.43（22年五輪）
4回転 Lo、F、Lz

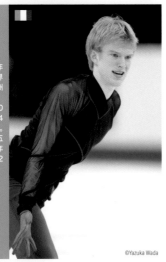

©Yazuka Wada

イタリア男子初のGP優勝を飾った新進のジャンパー。練習拠点を求めてアメリカ、ロシアを転々としたが、今秋にはイタリアへ戻り、トリノから再出発する。昨季はSPでロールモデルのジェイソン・ブラウン振付のプログラムにも挑戦。NHK杯に初出場する。

Lukas Britschgi
ルーカス・ブリッチギー
スイス

❶1998年2月17日
❷シャフハウゼン
❸170cm
❹オーベルストドルフ
❺M・フース
❻23年世界8位、欧州3位。22年五輪23位、欧州11位。21年世界15位。20年欧州19位。
❼257.34（23年世界）、86.51（22年CSワルシャワ杯）、171.16（23年世界）
❽「I'm In the Mood/Superstition」、「The Rainmaker/Enduring Hope」ほか
4回転 T

©Yazuka Wada

昨季のヨーロッパ選手権でステファン・ランビエル以来13年ぶりにスイスから表彰台に上がった銅メダリスト。世界選手権では、日本開催にあわせて選んだ和テイストのフリーで好演を果たしトップ10入り。元アイスダンサーの母に連れられて7歳でスケートを始めた。

Boyang Jin
ジン・ボーヤン
中国

❶1997年10月3日
❷ハルビン
❸171cm
❹トロント
❺B・オーサー、T・ウィルソン
❻23年世界22位、四大陸7位。22年五輪9位。19年GPF5位。19年世界5位、四大陸2位。18年五輪4位、四大陸1位。17年世界3位。16年世界3位。
❼273.51（19年四大陸）、101.09（19年CSロンバルディア杯）、181.34（19年四大陸）
❽「Vienna」、「This」（D・ウィルソン）
4回転 T、S、Lz

©Nobuaki Tanaka

昨季、ブライアン・オーサーのもと、怪我や病気を越えて四大陸で1年ぶりに競技復帰。史上初の4ルッツ＋3トウを成功させて4回転時代を拓いたジャンパーが、キレのある踊りやドラマを語る爽やかな滑りとともにカムバックした。競技生活は「人生のごほうび」。

Deniss Vasiljevs
デニス・ヴァシリエフス
ラトビア

❶1999年8月9日
❷ダウガフピルス
❸176cm
❹シャンベリ
❺S・ランビエル、A・ドルフィーニ、G・イサリー
❻23年世界13位、欧州5位。22年世界13位、五輪13位、欧州3位。21年世界18位。20年欧州6位。18年世界6位、五輪19位。
❼272.08（22年欧州）、90.95（22年世界）、181.84（22年欧州）
❽「ハレルヤ」（S・ボーン）、「Blues Deluxe」（S・ランビエル）
4回転 S

©Yazuka Wada

元世界王者ステファン・ランビエルの愛弟子として、2022年にヨーロッパ選手権のメダル、昨季はGPメダルをラトビアに初めてもたらした。師匠譲りの多彩なスピンや、抜群の身体能力が生み出す芸術性の高いムーブメントは日本のアイスショーでもお馴染み。

Vladimir Litvintsev
ウラジーミル・リトヴィンツェフ
アゼルバイジャン

©Yazuka Wada

さいたま世界選手権で過去最高の11位に入り、今季は3年ぶりのGPで初めて2戦にエントリー。ロシア生まれ、18年に所属変更。

❶2001年2月18日 ❷ウフタ（コミ共和国）❸167cm ❹モスクワ ❺V・プツァエワ ❻23年世界11位。22年世界16位、五輪18位、欧州8位。21年世界27位。19年世界17位、世界J13位。❼251.76（23年世界）、85.83（22年世界）、169.05（23年世界）
4回転 T

Mark Gorodnitsky
マーク・ゴロドニツキー
イスラエル

©Yazuka Wada

CSで初メダルを獲得する上々のスタートを切り、GPにも初参戦。カナダで生まれ育ち、父親に所縁のあったイスラエル代表に。

❶2001年3月23日 ❷リッチモンドヒル（カナダ）❸171cm ❹リッチモンドヒル ❺A・ベレジンツェフ、I・ズゼフ ❻23年世界16位、欧州13位。22年世界25位。20年世界J21位、欧州17位。❼232.13（23年世界）、77.89（23年世界）、154.24（23年世界）

Mihhail Selevko
ミハイル・セレフコ
エストニア

©Yazuka Wada

質の高いジャンプを跳び、4アクセルにも意欲を見せる。シャイな性格で趣味はPCで絵を描くこと。兄アレクサンドルはFaOIに参加。

❶2002年11月20日 ❷タリン ❸179㎝ ❹タリン ❺I・コノノワ ❻23年世界17位、欧州8位。22年世界15位、世界J6位。❼234.72（22年世界）、82.61（21年CSカップ・オブ・オーストリア）、155.87（22年世界）❽「Break My Baby」、「ゲーム・オブ・スローンズ」（ともにR・シニツィン）4回転 T、S

Nika Egadze
ニカ・エガッゼ
ジョージア

©Yazuka Wada

より良い環境を求めて2017年からトゥットベリーゼに師事し、モスクワでも練習している。昨季NHK杯で日本の大会に初出場した。

❶2002年4月2日 ❷トビリシ ❸179㎝ ❺E・トゥットベリーゼ、D・グレイヘンゴーズ、S・ドゥダコフ ❻23年世界29位、欧州7位。22年欧州28位。❼243.35（23年CSロンバルディア杯）、84.47（22年NHK杯）、164.60（23年CSロンバルディア杯）❽「アヴェ・マリア」、「ムーラン・ルージュ」4回転 T、S

Luc Economides
リュック・エコノミド
フランス

©Shutterz

昨季GPデビュー、今季はNHK杯に参戦予定。元フランス代表のアモディオやリギーニから指導を受ける。JGPでは表彰台も経験。

❶1999年3月2日 ❷モン＝サンテニャン ❸169㎝ ❹ヴォジャニー ❺F・アモディオ、S・アモディオ、I・リギーニ ❻18世界J15位。❼229.64（22年GPフランス）、77.23（22年GPフランス）、152.41（22年GPフランス）

Gabriele Frangipani
ガブリエレ・フランジパーニ
イタリア

©Shinshokan

9月のCSネベラ・メモリアルで4回転2本、3アクセル3本を決めて連覇、幸先いいスタートを切った。NHK杯にも2年連続出場予定。

❶2001年12月31日 ❷ピサ ❸170㎝ ❹エーニャ ❺A・トゥレンコ、A・ミコンサーリ ❻23年欧州10位。22年欧州9位。20年世界J14位。❼244.57（22年CSオンドレイ・ネペラ）、87.39（22年CSオンドレイ・ネペラ）、164.87（23年CSネベラ・メモリアル）4回転 T、S

ニコライ・メモラ
Nikolaj Memola
イタリア

©Kiyoshi Sakamoto

昨季のJGPFを制して今季シニアへ。195cmの長身をまとめあげて4トウ習得に励む。コーチを務める母親はA・ミーシンの教え子。

❶2003年11月18日 ❷モンツァ ❸195cm ❹ベルガモ ❺O・ロマノワ ❻23年世界J4位、22年JGPF1位。22年世界J7位、欧州15位。❼231.47(22年CSブダペスト杯)、83.04(22年JGPラトビア)、152.69(22年CSブダペスト杯)❽「鐘」、「サムソンとデリラ」(ともにC・ジョルダーニ、A・ジラルディ)

アンドレアス・ノルデバック
Andreas Nordeback
スウェーデン

昨季のJGPとCSで初メダルを獲得した伸び盛りの19歳。シニアとジュニアの試合を駆け抜け、今季へシニアへ完全移行する。

❶2004年3月12日 ❷ストックホルム ❸175cm ❹ストックホルム ❺M・ジョゼフ ❻23年世界J18位、世界J11位、欧州9位。22年世界J10位。❼229.88(22年CSフィンランディア杯)、78.92(22年CSフィンランディア杯)、150.96(22年CSフィンランディア杯)

ロッシ直樹
Naoki Rossi
スイス

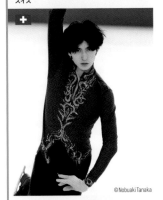

©Nobuaki Tanaka

スイス男子46年ぶりの世界ジュニアメダリスト。今季はJGPで初メダル。日本人の母とスイス人の父を持ち、5カ国語を操る。

❶2007年1月20日 ❷ツォリカーベルク ❸173cm ❹フェルトキルヒ ❺U・カゲルマン、N・ベッテガ ❻23年世界J2位。22年世界J9位。❼220.68、79.46、141.22(すべて23年世界J) ❽「Bitter and Sweet」ほか、「ヴィオラ・ダモーレ協奏曲ニ短調RV394／The Belt Of Faith」(ともにS・ランビエル)

アンドルー・トルガシェフ
Andrew Torgashev
アメリカ

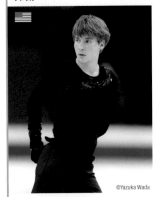

©Yazuka Wada

シニア移行後は怪我に苦しんできたが、アルトゥニアンの指導のもと、昨季は全米3位、世界選手権初出場と躍進した。両親も元選手。

❶2001年5月29日 ❷コロラドスプリングス ❸170cm ❹アーヴァイン ❺R・アルトゥニアン、V・アルトゥニアン、N・カナエワ ❻23年世界21位、全米3位。20年世界J8位。❼233.26、86.41、146.85(すべて23年CSロンバルディア杯) ❽「L'enfer」(S・ボーン)、「Madness」(M・ジー) 4回転 T、S

カムデン・プルキネン
Camden Pulkinen
アメリカ

©Nobuaki Tanaka

昨季からアルトゥニアンに指導を仰ぎ、コロンビア大学のあるNYとカリフォルニアに拠点を置く。SPはデュブリュイユと初タッグ。

❶2000年3月25日 ❷スコッツデール ❸170cm ❹アーヴァイン、ニューヨーク ❺A・ジョンソン、R・アルトゥニアン ❻23年全米8位。22年世界5位。❼271.69、89.50、182.19(すべて22年世界) ❽「A Different Kind of Love」(M-F・デュブリュイユ)、「トスカ」(S・ボーン) 4回転 T

ジミー・マ
Jimmy MA
アメリカ

©Nobuaki Tanaka

オリジナリティとスピードで魅せる28歳。大のアニメ好きで「鋼の錬金術師」や「ワンピース」の大ファン。愛犬の名前はウィンリィ。

❶1995年10月11日 ❷ニューヨーク ❸164cm ❹ノーウッド ❺O・ガニチェワ、A・レトフ ❻23年四大陸9位、全米5位。22年四大陸10位。❼250.97(21年CSゴールデン・スピン)、86.64(23年四大陸)、170.13(21年CSゴールデン・スピン) ❽「Hernando's Hideaway」、「ラクリモーサ」 4回転 T

Lucas Broussard
ルカ・ブルッサード
アメリカ

©Kiyoshi Sakamoto

昨季はJGPファイナルで2位に入り、今季シニアデビュー。ボディラインの美しさが光り、軽やかなリッポン・ジャンプを跳ぶ。

❶2006年6月15日 ❷ルクセンブルク ❸180cm ❹シアトル ❺D・ホウジャー ❻23年世界J7位、22年JGPF2位。❼220.43(22年JGPF)、81.11(22年JGPF)、146.11(23年CSネーベルホルン杯) ❽「Everybody Hurts」、「四季」(ともにC・マーティン)

Maxim Naumov
マキシム・ナウモフ
アメリカ

©Nobuaki Tanaka

怪我から復帰した昨季は、全米で4回転を2本決めて堂々4位。元ペア世界王者の両親シシコワ&ナウモフからも指導を受ける。

❶2001年8月1日 ❷ハートフォード ❸168cm ❹ノーウッド ❺G・ルカッシュ、V・ナウモフ、E・シシコワ ❻23年四大陸10位、全米4位。20年世界J5位。❼227.17、87.11(以上22年CSブダペスト杯)、149.90(20年世界J) ❽「Glimpse of Us」、「トスカ」(ともにA・ブレイク) 4回転 S

Tomoki Hiwatashi
樋渡知樹
アメリカ

©Shinshokan

今季から京都・宇治へ移り、濱田美栄のもとで練習する。関西出身の両親のもとアメリカで生まれ育ち、日本語は関西弁。

❶2000年1月20日 ❷イングルウッド ❸160cm ❹宇治 ❺濱田美栄 ❻23年全米10位、22年四大陸8位。20年全米3位。19年世界J1位。❼240.78(20年四大陸)、88.09(20年四大陸)、159.84(19年四大陸) ❽「Romani Holiday」(M・ビレイ)、「Finlandia」(J・バトル) 4回転 T、S

Conrad Orzel
コンラッド・オーゼル
カナダ

©Yazuka Wada

昨季から平昌銅のオズモンドを育てたワリアに師事、カナダ選手権2位に入り世界選手権に初出場した。モデル業もこなしている。

❶2000年7月11日 ❷トロント ❸183cm ❹エドモントン ❺R・ワリア ❻23年世界26位、四大陸8位、カナダ2位。18年世界J13位。❼226.10(23年四大陸)、80.09(23年四大陸)、149.56(21年GPカナダ) 4回転 T、S

Stephen Gogolev
スティーヴン・ゴゴレフ
カナダ

©Shinshokan

13歳で複数の4回転を跳びJGPFを制したカナダ期待の4回転ジャンパー。今季はCSで初めて表彰台に上がる絶好の滑り出し。

❶2004年12月22日 ❷トロント ❸185cm ❹アーヴァイン ❺R・アルトゥニアン、L・バーケル ❻23年四大陸12位。22年世界J5位。❼233.58(18年JGPF)、86.25(23年CSオータム)、154.76(18年JGPF) ❽「The Sound of Silence」(S・ボーン)、「Time Lapse」(B・リショー) 4回転 T、S、Lz

Wesley Chiu
ウェズリー・チュウ
カナダ

©Nobuaki Tanaka

昨季シニアに参戦し、カナダ選手権3位。世界選手権はカナダ2枠とあり、世界ジュニアに出場した。今季は4ルッツ習得を目指す。

❶2005年3月20日 ❷バンクーバー ❸168cm ❹リッチモンド ❺K・マーフィー、E・マーフィー ❻23年世界J5位、カナダ3位。❼232.39(21年CSワルシャワ杯)、81.59(22年世界)、162.24(21年CSワルシャワ杯) ❽「ロミオとジュリエット」、「The Verdict」ほか(ともにJ・ラッセル) 4回転 T、S

Roman Sadovsky
ロマン・サドフスキー
カナダ

©Nobuaki Tanaka

今季は練習中の怪我によりCSをパス、スケートカナダからシーズンをスタート予定。今春は関西大学で本田武史の指導を受けた。

① 1999年5月31日 ② トロント ③ 184cm ④ リッチモンドヒル ⑤ T・ウェインマン、G・フィリボウスキー ⑥ 23年カナダ8位。22年五輪29位、世界12位。⑦ 253.80（21年GPロシア）、89.61（21年世界国別）、169.21（21年GPロシア）⑧ SP「Unconscious」（M-F・デュブリュイユ）④回転 T、S

Mikhail Shaidorov
ミハイル・シャイドロフ
カザフスタン

©Nobuaki Tanaka

リレハンメル金のウルマノフと二人三脚で歩む19歳。コーチお墨付きの質の高いジャンプを武器に、世界の舞台で存在感を示す。

① 2004年6月25日 ② アルマトイ ③ 174cm ④ ソチ、アルマトイ ⑤ A・ウルマノフ ⑥ 23年世界14位、四大陸5位。22年世界J2位、四大陸5位。21年世界32位。⑦ 237.14（23年四大陸）、75.96（22年四大陸）、164.71（23年四大陸）⑧ SP「マトリックス」（I・リギーニ）④回転 T、S

Sihyeong Lee
イ・シヒョン
韓国

©Nobuaki Tanaka

長身を生かしたスケールの大きな演技が魅力。昨秋GPデビューを果たし、今季はNHK杯に参戦する。フリーは憧れのファリス振付。

① 2000年12月15日 ② ソウル ③ 186cm ④ ソウル ⑤ チェ・ヒョンギュン ⑥ 23年四大陸6位。22年世界18位、五輪27位。⑦ 242.62（22年GPフランス）、86.78（22年CSネーベルホルン杯）、166.08（22年GPフランス）⑧ FS「Cloud」（J・ファリス）④回転 T、S

Jaeseok Kyeong
キョン・ジェソク
韓国

©Nobuaki Tanaka

韓国のベテランコーチ、シン・ヘソクに師事。JGPやCSなど国際大会の経験は豊富、2022年には韓国選手権で表彰台に上がった。

① 2000年9月26日 ② 京畿道 ③ 173cm ④ ソウル ⑤ シン・ヘソク ⑥ 23年四大陸12位、韓国5位。22年四大陸14位、韓国3位。⑦ 211.98（23年四大陸）、75.30（23年四大陸）、136.68（23年四大陸）

Yudong Chen
チェン・ユードン
中国

©Nobuaki Tanaka

中国から登場したパワフルな4回転ジャンパー。昨季はJGPでメダル獲得、世界ジュニアでトップ10入り、四大陸初挑戦と躍動。

① 2004年9月28日 ② チチハル ③ 179cm ④ 北京 ⑤ リー・ウェイ、R・アルトゥニアン ⑥ 23年世界J8位、四大陸15位。19年世界J25位。⑦ 205.16（19年JGPイタリア）、78.79（21年GPイタリア）、148.08（22年JGPポーランド1）⑧「HOPE」（N・カナエワ）、「坂本龍一メドレー」（S・ボーン）④回転 T、S

Donovan Carrillo
ドノヴァン・カリリョ
メキシコ

©Nobuaki Tanaka

メキシコ初の4回転ジャンパー。昨季は右足の怪我により後半を欠場したが、今季からカナダに拠点を移して再出発を図る。

① 1999年11月17日 ② サポパン ③ 171cm ④ ソーンヒル（カナダ）⑤ J・ミルズ、M・ギルマン ⑥ 22年五輪22位。21年世界20位。20年四大陸15位。19年世界33位。⑦ 218.13、79.69、138.44（すべて22年五輪）⑧「セクシー・バック」ほか、「Bésame Mucho」ほか ④回転 T

Haein Lee

イ・ヘイン

韓国

女子シングル

❶2005年4月16日
❷大田
❸164cm
❹ソウル
❺チ・ヒョンジュン
❻23年世界2位、四大陸1位、韓国3位。22年世界7位、四大陸2位。20年世界J5位、韓国2位。
❼225.47（23年世界国別）、76.90（23年世界国別）、148.57（23年世界国別）
❽「Seirenes」(L・ニコル、C・コスットナー)、「ノートルダム・ド・パリ」(S・ボーン)

昨季、四大陸選手権優勝、世界選手権銀メダルと大ブレイクしたシンデレラガール。2010年のバンクーバー・オリンピック後、キム・ヨナに憧れてスケートを始めた"ヨナ・キッズ"であり、韓国女子の世界選手権メダル、四大陸タイトル獲得はいずれもキム・ヨナ以来の快挙。エレガントな滑りと端正なテクニックを、表情豊かに彩る。トリプルアクセルに挑戦中。好きなミュージカルは「キャッツ」、K-POPアイドルはIVE。

Loena Hendrickx

ルナ・ヘンドリックス

ベルギー

©Shinshokan

❶1999年11月5日
❷トゥルンハウト
❸160cm
❹ベルギー、オランダ
❺J・ヘンドリックス
❻23年世界3位、欧州2位、22年GPF3位。22年五輪8位、世界2位、欧州4位。21年世界5位。18年五輪16位。
❼219.05 (21年GPイタリア)、76.25 (22年欧州)、145.53 (21年GPイタリア)
❽「Im Nin'alu ／Living for Love」「BREAK MY SOUL ／Vogue」(ともにA・ソリヤ)

さいたま世界選手権で2年連続の表彰台に上がったユーロ女子のフロントランナー。昨季は、GP初勝利、GPファイナルとヨーロッパの初メダルなど出場大会すべてで結果を残した。トップアスリートの重圧に苦しみながらも、キャリアを積んだ選手ならではの地力の強さが光る。感情を前面に出したエモーショナルなパフォーマンスとスマートなテクニックのコントラストも魅力。コーチはオリンピアンの兄ヨリック。

女子シングル

©Yazuka Wada

Isabeau Levito

イザボー・レヴィト

アメリカ

©Shinshokan

❶ 2007年3月3日
❷ フィラデルフィア
❸ 154㎝
❹ マウント・ローレル
❺ Y・クズネツォワ、O・ジャパリゼ、E・プラトフ、S・クズネツォフ、Z・バラジーナ
❻ 23年世界4位、全米1位、22年GPF2位。22年世界J1位。
❼ 215.74（22年GPイギリス）、73.03（23年世界）、143.68（22年GPイギリス）
❽「Yearning」、「ホワイト・クロウ伝説のダンサー」（ともにY・クズネツォワ）

女子シングル

シニア1年目でGPファイナル銀メダル、全米女王に輝いた16歳のニューヒロイン。2021年にジュニアの国際大会にデビューすると、同シーズンに世界ジュニア選手権で優勝。世界ジュニア女王としてシニアへ上がった昨季は、GP2戦、GPファイナルで表彰台に上がり、世界選手権でもトップ選手たちとの熱戦の末4位に入った。3ルッツ＋3ループを得意とし、可憐な身のこなしでも惹きつける。趣味は読書と編み物。

©Nobuaki Tanaka

Anastasiia Gubanova
アナスタシア・グバノワ
ジョージア

❶2002年12月2日
❷トリヤッチ（ロシア）
❸158cm
❹サンクト・ペテルブルグ
❺E・ルカヴィシン
❻23年世界14位、欧州1位、22年世界6位、五輪11位、欧州7位。
❼203.91（21年CSフィンランディア杯）、69.81（23年欧州）、135.58（22年五輪）
❽「Mojo」、「Caruso」

©Yazuka Wada

ジョージアに初めてタイトルをもたらしたヨーロッパ選手権金メダリスト。ロシア出身で、2021年からジョージア代表として国際大会に出場し、2022年北京オリンピックにも出場した。昨季はGPでも、デビュー戦でジョージアの女子選手として初めて表彰台に上がった。

Yelim Kim
キム・イェリム
韓国

❶2003年1月23日
❷ソウル
❸171cm
❹ソウル
❺チェ・ヒョンギョン
❻23年世界18位、四大陸2位、韓国2位。22年五輪9位、四大陸3位。21年世界11位、韓国1位。
❼213.97（22年CSフィンランディア杯）、73.63（21年世界）、143.59（23年世界国別）
❽「ラヴェンダーの咲く庭」（J・バトル）、「Je Suis Malade／Tormented Mad Love」（D・ウィルソン）

©Shutterz

昨季、GP初戦で2位、NHK杯では坂本花織を抑えて優勝し、韓国女子の勢いを感じさせた。世界選手権こそ悔しい結果に終わったが、GPファイナル初進出、四大陸選手権で2年連続のメダルなど、練習量に裏打ちされた持ち味の安定感を発揮した。

女子シングル

Kimmy Repond
キミー・リポンド
スイス

❶2006年10月18日
❷バーゼル
❸170cm
❺J・リポンド、M・デルキャンブレ
❻23年世界8位、世界J7位、欧州3位。22年世界J7位。
❼194.09（23年世界）、63.83（23年欧州）、131.34（23年世界）
❽「Voilà」、「Freya」（ともにD・ウィルソン）

©Yazuka Wada

ヨーロッパ選手権で銅メダルを獲得する大金星をあげた17歳。昨季はジュニアを主戦場としながらヨーロッパでの成功、世界選手権8位と世界のシニアのなかでも存在感を示した。姉ジェロミーがコーチを務め、もう1人の姉と妹も競技経験者というスケート4姉妹。

Jia Shin
シン・ジア
韓国

❶2008年3月19日
❷釜山
❸152cm
❺チ・ヒョンジュン、キム・ジンソ
❻23年世界J2位、韓国1位。22年JGPF2位。22年世界J2位。
❼206.01（22年世界J）、71.19（23年世界J）、136.63（22年世界J）
❽「魅惑のワルツ」、「Not About Angels/Portion of Eternity」（ともにD・ウィルソン）

©Nobuaki Tanaka

世界ジュニア、JGPファイナルで銀メダル、ジュニアながら韓国選手権を制した期待の星。普段はシャイで控えめだが、氷上では伸びやかで完成度の高いパフォーマンスで注目される。今春から夏にかけてMFアカデミーで中庭健介の指導を受けた。憧れはキム・ヨナ。

Amber Glenn
アンバー・グレン
アメリカ

©Yazuka Wada

昨季、グランプリで初メダルを獲得。トリプルアクセルに挑戦し続けるパワフルなスケーターだが、サンリオが大好きという一面も。

❶1999年10月28日 ❷プレイノ ❸167cm ❹コロラドスプリングス ❺D・アレン、T・ガンビル ❻23年世界12位、四大陸7位、全米3位。21年全米2位。20年四大陸9位。❼201.02（21年GPアメリカ）、69.63（23年四大陸）、133.45（21年GPアメリカ）

Bradie Tennell
ブレイディ・テネル
アメリカ

©Yazuka Wada

2度、全米女王に輝いたベテラン。現在は振付師としても名高いブノワ・リショーに師事している。2人の弟はアイスホッケー選手。

❶1998年1月31日 ❷ウィンフィールド ❸168cm ❹モリスタウン ❺B・リショー、J・アレン ❻23年世界15位、四大陸6位。21年世界9位。20年世界3位、19年GPF5位。18年五輪9位。❼225.64（19年世界国別）、75.93（20年四大陸）、150.83（19年世界国別）❽SP「Kammermusik」（B・リショー）

Audrey Shin
オードリー・シン
アメリカ

©Shutterz

韓国にルーツを持つ。今季はSPでドイツの舞踊家、ピナ・バウシュをモチーフにしたプログラムに挑戦。医師になる夢も持つ才媛。

❶2004年3月12日 ❷スミスタウン ❸158cm ❹コロラドスプリングス、レストン ❺T・ガンビル、T・マリニナ、R・スコルニアコフ ❻23年全米13位。22年四大陸4位。20年ユース五輪7位。❼203.86（22年四大陸）、67.20（22年四大陸）、136.66（22年四大陸）❽「Pina」、「スカイフォール」

Starr Andrews
スター・アンドルーズ
アメリカ

©Shinshokan

昨季、アメリカの黒人スケーターとして初のグランプリメダルを獲得。優れた音感を持ち、体から音が鳴るような表現が持ち味。

❶2001年6月23日 ❷ロサンゼルス ❸149cm ❹ロサンゼルス ❺D・デルモア、P・コンカセン、I・ディネフ、A・シャレンコワ ❻23年全米4位。22年四大陸9位。❼191.26（22年GPカナダ）、66.60（22年四大陸）、126.57（22年GPカナダ）❽「Alien Superstar」、「Being Good Isn't Good Enough」

Lindsay Thorngren
リンジー・ソーングレン
アメリカ

©Nobuaki Tanaka

22年の世界ジュニア選手権銅メダリスト。優雅さとスポーツ的要素に魅せられて、5歳でフィギュアスケートを始めた。

❶2005年12月5日 ❷ニューヨーク ❸160cm ❹ハッケンサック ❺J・ラウトワ、N・ペトレンコ、G・クラスニスキー ❻22年全米6位。22年世界J3位。❼199.42（22年世界J）、70.24（21年JGPスロベニア）、135.99（22年CSゴールデン・スピン）❽「風のささやき」、「トワイライト・メドレー」

Ava Marie Ziegler
エヴァ・マリ・ジーグラー
アメリカ

©Nobuaki Tanaka

今季、NHK杯に参戦予定。演じること、観客の心を動かすことにやりがいを見出しており、氷に吸い付くようなスケーティングが武器。

❶2006年2月28日 ❷モリスタウン ❹ハッケンサック ❺S・ライス ❻23年全米9位。❼186.76（22年GPカナダ）、66.49（22年GPカナダ）、130.24（22年CSブダペスト杯）❽「Jazz Man」、「Liberation／Bound To You」

Madeline Schizas
マデライン・シザス
カナダ

©Nobuaki Tanaka

2年連続で国内選手権の頂に立つ、カナダ女子のエース。150cmと小柄ながら、エモーショナルな演技で氷上を自分色に染め上げる。

❶2003年2月14日 ❷オークヴィル ❸150cm ❹ミルトン ❺N・ルメール、D・シュミット ❻23年世界13位、四大陸10位、カナダ1位。22年世界12位、五輪19位、21年世界13位。❼192.14（21年GPロシア）、69.76（23年世界国別）、132.04（22年五輪）

Young You
ユ・ヨン
韓国

©Nobuaki Tanaka

11歳で韓国選手権を制し、天才少女として一躍有名に。トリプルアクセルジャンパーであり、今季は地元ソウルから再起を図る。

❶2004年5月27日 ❷ソウル ❸166cm ❺チ・ヒョンジュン ❻23年韓国11位。22年世界5位、五輪6位、四大陸6位。20年四大陸2位、ユース五輪1位。❼223.23（20年四大陸）、78.22（19年GPカナダ）、149.68（20年四大陸）❽「Listen to Your Heart」(S・ボーン)、ヴィヴァルディ「四季」(T・ディクソン)

Chaeyeon Kim
キム・チェヨン
韓国

©Nobuaki Tanaka

昨季、JGPに参加しながらシニアの世界選手権にも出場して6位と健闘し、国際舞台で存在感を示した。今季がGP初参戦。

❶2006年12月8日 ❷ソウル ❸151cm ❹仁川、ソウル ❺チ・ヒョンジュン ❻23年世界6位、四大陸4位、韓国4位、22年JGPF3位。❼205.51（22年CSフィンランディア杯）、71.39（23年四大陸）、139.45（23年世界）❽「Pantomeme／Lillies of the Valley」、「社会から虐げられた女たち」より

Seoyeong Wi
ウィ・ソヨン
韓国

©Shinshokan

楚々とした雰囲気が印象的な18歳。今季、3年連続となるNHK杯にエントリー。フリーでは、ジェフリー・バトルの振付に初挑戦する。

❶2005年3月15日 ❷ソウル ❸166cm ❹ソウル ❺チ・ヒョンギョン ❻23年韓国9位。22年世界J5位。20年世界J6位。❼193.30（20年世界J）、66.48（18年JGPチェコ）、131.94（22年CSネーベルホルン杯）❽「プライドと偏見」(シン・イェジ)、「エクソジェネシス交響曲 第1部／第3部」(J・バトル)

Xiangyi An
アン・シャンイー
中国

©Nobuaki Tanaka

ノービス時代に国内大会を制した、中国期待の16歳がいよいよシニアデビュー。新体操やダンスで培った躍動感あふれる演技に注目。

❶2006年12月24日 ❷北京 ❸163cm ❹北京 ❺アン・ロンヘ、B・リショー ❻23年世界J6位。❼183.94（23年世界J）、65.40（22年JGPポーランド1）、120.03（23年世界J）❽「Femme Fatale」、「王妃の紋章」

Niina Petrōkina
ニーナ・ペトルキナ
エストニア

©Yazuka Wada

さいたま世界選手権のフリーで最終グループ入りを果たし、一気に注目されるように。音を使い切る大きな滑りは迫力満点。

❶2004年8月14日 ❷タリン ❸158cm ❹タリン ❺S・ヴァルナフスカヤ ❻23年世界9位、世界J12位、欧州6位。22年世界16位、世界J9位、欧州8位。❼193.49（23年世界）、68.00（23年世界）、128.77（22年欧州）❽「Run」、「Dusty Road／Prelude」(The Age of Heroes)(ともにM・ビレイ)

Nina Pinzarrone
ニナ・ピンザローネ
ベルギー

©Yazuka Wada

シニア参戦の昨季は世界11位と健闘したベルギー代表。リショー振付の2プログラムでのびやかに舞う。美しいスピンもみどころ。

❶2006年11月24日 ❷ブリュッセル ❹アントワープ、ルーヴェン、リーデーケルケ ❺A・ボックランド、D・オフチニコフ ❻23年世界11位、欧州5位。22年世界J11位。❼191.78（23年世界）、64.58（21年JGPスロベニア）、129.74（23年世界）❽「Charms」、「スパルタクス」（ともにB・リショー）

Ekaterina Kurakova
エカテリーナ・クラコワ
ポーランド

©Yazuka Wada

きびきびとしたジャンプと愛らしい表現で惹きつける。昨季は2度来日。あと一歩と迫ったヨーロッパ選手権の表彰台を狙う。

❶2002年6月24日 ❷モスクワ ❸153cm ❹ミラノ、トロント ❺A・トゥレンコ、B・オーサー ❻23年世界16位、欧州4位。22年世界13位、五輪12位、欧州5位。20年世界J7位、欧州10位。❼204.73（22年欧州）、67.4（22年欧州）、137.26（22年欧州）❽「キル・ビル」（I・リギーニ）、「Solas」

Lara Naki Gutmann
ララ・ナキ・グットマン
イタリア

©Yazuka Wada

長身を生かしダイナミックに滑る。昨季は世界選手権と国別で来日、今季はスケートカナダに出場する。ジャンプが逆回転。

❶2002年11月6日 ❷トレント ❸170㎝ ❹トレント、シャンベリー（スイス）❺G・ミンチオ、S・クエル、L・マリオッティ ❻23年世界17位、欧州8位。❼179.59（21年世界国別）、62.41（19年CSオンドレイ・ネペラ）、125.65（22年CSゴールデン・スピン）❽「Kiss of Death」ほか、「Prelude and Rooftop」ほか

Janna Jyrkinen
ヤンナ・イリキネン
フィンランド

©Yazuka Wada

昨季シニア参戦のフィンランド女王。小気味よいスケーティングを見せる。今季はGP2戦にエントリーする。

❶2007年2月14日 ❷ヘルシンキ ❸153cm ❺M・シルショウ ❻23年世界21位、欧州7位。❼176.96（23年欧州）、62.35（22年CSワルシャワ杯）、116.19（23年欧州）❽「Flowers」、「テイル・オブ・ワンダー」（ともにA・ソリヤ）

Lindsay Van Zundert
リンジー・ファン・ズンデルト
オランダ

©Yazuka Wada

自力で枠をつかみ46年ぶりのオランダ代表として北京オリンピックに出場した。力強い滑りが持ち味で、NHK杯で来日予定。

❶2005年2月1日 ❷エッテンルール ❹ドゥールネ（ベルギー）❺C・ヘリガーズ、T・ケネス ❻23年世界22位、欧州14位。22年世界17位、五輪18位、欧州27位。❼175.81（22年五輪）、59.24（22年五輪）、116.78（21年世界）

Lea Serna
レア・セルナ
フランス

©Shutterz

2007年世界金のB・ジュベールに師事し、国内3連覇中。昨季は怪我で世界選手権を逃したが、国別で来日。エレガントな演技が魅力。

❶1999年10月31日 ❷オバーニュ ❸163cm ❹ポワティエ ❺B・ジュベール、C・P・バスキエ ❻23年欧州26位、フランス1位。22年世界29位、欧州12位、フランス1位。20年欧州16位。❼177.72（23年世界国別）、62.75（21年GPフランス）、117.54（23年世界国別）

女子シングル

Sara Conti & Niccolo Macii

サラ・コンティ＆
ニコロ・マチイ
イタリア

©Shinshokan

コンティ ❶2000年8
月2日 ❷ベルガモ
❸164cm
マチイ ❶1995年10
月18日 ❷ミラノ
❸186cm
❹ベルガモ ❺B・ルー
ニー ❻23年世界3位、
欧州1位、イタリア1
位、22年GPF3位。
22年欧州7位。
❼208.08（23年世
界）、73.24（23年世
界）、134.84（23年
世界）
❽「カヴァレリア・ルス
ティカーナ」、「ニュー
シネマパラダイス」

イタリアペア初となるヨーロッパ選
手権のタイトルと世界選手権のメダ
ルを獲得した新進ペア。シングル選
手のコンティがコーチの勧めで、ペ
アをやっていた恋人のマチイとペア
を結成。すぐれたジャンパーである
彼女に追いつくべく、マチイは熱心
に練習に取り組み、昨季、世界選手
権初出場で見事表彰台まで駆け上
がった。164cmと186cm、長身の2
人が繰り出す、情熱的でスケールの
大きな演技に注目。

©Nobuaki Tanaka

ペア

Deanna Stellato-Dudek & Maxime Deschamps

ディアナ・ステラート=ドゥダク&
マキシム・デシャン

カナダ

©Yazuka Wada

「情熱は年齢不問」と語るステラート=ドゥダク。2000年世界ジュニアで女子2位になった後、怪我で引退したが、16年後に復帰。2019年にデシャンとペアを結成し、昨季四大陸でメダルを獲得した。世界の表彰台は目の前。

ステラート=ドゥダク ❶1983年6月22日 ❸155cm デシャン ❶1991年12月20日 ❸178cm ❹サント＝ジュリー ❺J・ピカールほか ❻23年世界4位、四大陸3位、22年GPF4位。❼203.628（23年CSオータム）、73.05（22年GPアメリカ）、131.82（23年CSオータム）❽「Oxygene」、「インタビュー・ウィズ・ヴァンパイア」（ともにJ・マルコット）

Emily Chan & Spencer Akira Howe

エミリー・チャン&
スペンサー・アキラ・ハウ

アメリカ

©Yazuka Wada

GPファイナル初出場、世界選手権でも初出場5位になるなど、昨季ブレイクした全米銀メダリスト。今季SPはトリノ五輪アイスダンス銀のベンジャミン・アゴストの振付。ハウはかつて日本ジュニア・ペアとして活躍。

チャン ❶1997年8月11日 ❷マッキンリー ❸161cm ハウ ❶1996年9月11日 ❷バーバンク ❸183cm ❹ノーウッド ❺A・レトフ ❻23年世界5位、四大陸2位、22年GPF6位。22年四大陸2位。❼201.11（23年四大陸）、70.23（23年世界）、134.15（23年四大陸）❽「Craw Fever／I Got A Feelin' In My Body」、「エクソジェネシス交響曲」

Lia Pereira & Trennt Michaud

リア・ペレイラ&
トレント・ミショー

カナダ

©Yazuka Wada

パートナーが引退したミショーが2022年、ペレイラと結成。ペレイラは国内選手権ではシングルとペアの二刀流で活躍。

ペレイラ ❶2004年3月5日 ❷ミルトン ❸159cm ミショー ❶1996年8月22日 ❷ベビル ❸176cm ❹ブラントフォード、ミルトン ❺A・パーキス、N・ルメール、D・シュミット ❻23年世界6位、四大陸4位、カナダ3位。❼193.00（23年世界）、65.31（23年世界）、127.69（23年世界）❽「River」、「グラディエーター」

Annika Hocke & Robert Kunkel

アニカ・ホッケ&
ロベルト・クンケル

ドイツ

©Yazuka Wada

2019年結成。振付師カッペリーニ＆ラノッテの勧めで、昨季イタリアでホタレックに師事。初のヨーロッパ選手権メダルに輝いた。

ホッケ ❶2000年7月16日 ❷ベルリン ❸157cm クンケル ❶1999年4月28日 ❷ベルリン ❸185cm ❹ベルガモ ❺O・ホタレックほか ❻23年世界9位、欧州3位。22年欧州13位。❼191.76（23年CSロンバルディア杯）、69.13（22年CSネーベルホルン杯）、125.70（23年ロンバルディア杯）❽「I Love Rock n Roll」ほか、「Without You」

Rebecca Ghilardi & Filippo Ambrosini

レベッカ・ギラルディ&
フィリッポ・アンブロジーニ

イタリア

©Kiyoshi Sakamoto

結成7年目の昨季、GP初優勝、ヨーロッパ選手権の銀メダルを獲得。カッペリーニ＆ラノッテによる躍動感あふれる振付にも注目。

ギラルディ ❶1999年10月10日 ❷セリアーテ ❸160cm アンブロジーニ ❶1993年4月26日 ❷アジアーゴ ❸183cm ❹ベルガモ ❺F・ビアンコーニほか ❻23年欧州2位、22年GPF5位、イタリア2位。22年五輪14位、欧州5位。21年世界17位。❼189.74、67.31（以上22年GPフィンランド）、127.48（23年欧州）❽FS「ドラキュラ」

ペア

ペア

Lucrezia Beccari & Matteo Guarise
ルクレツィア・ベッカリー & マッテオ・グアリーゼ
イタリア

©Joluskating

五輪3回出場のグアリーゼが昨季ベッカリーと結成。グアリーゼは2008年にペアのローラースケートの世界タイトルを獲得。

ベッカリー ❶2003年12月18日 ❷トリノ ❸158cm　アリーゼ ❶1988年9月15日 ❷リミニ ❸182cm ❹ベルガモ ❺L・デマッテ、R・ムランテ ❻23年欧州7位、イタリア3位。❼191.71（23年CSネーベルホルン杯）、66.94（23年CSロンバルディア杯）、125.35（23年CSネーベルホルン杯）❽「Run」、「CATS」

Irma Caldara & Riccardo Maglio
イルマ・カルダーラ & リカルド・マーリオ
イタリア

©Shinshokan

昨季GPデビューしたミラノ出身のペア。2025年トリノ開催のワールド・ユニバーシティ・ゲームズのアンバサダーを務めている。

カルダーラ ❶2000年7月4日 ❷ミラノ ❸158cm　マーリオ ❶1999年4月24日 ❷ミラノ ❸181cm ❹トリノ ❺C・ディ・ナターレ ❻23年イタリア4位。22年イタリア5位。❼164.23（22年NHK杯）、58.95（22年NHK杯）、105.28（22年NHK杯）

Maria Pavlova & Alexei Sviatchenko
パヴロワ・マリア & スヴィアチェンコ・アレクセイ
ハンガリー

©Yazuka Wada

昨季、結成1年目で世界選手権7位に入ったハンガリー代表。2人はロシア出身。コーチはソチ五輪ペア銀のクリモフ。

パヴロワ ❶2004年8月2日 ❷モスクワ（ロシア）❸154cm　スビアチェンコ ❶1999年3月24日 ❷サンクト・ペテルブルグ（ロシア）❸182cm ❹ソチ（ロシア）、ブダペスト ❺D・サーヴィン、F・クリモフ、S・エフドキモワ、G・バーダンジャン ❻23年世界7位、欧州5位。❼190.67、64.43、126.24（すべて23年世界）❽「地獄へ道づれ」、「My Perception of Love / Iron 2021」（ともにS・エフドキモワ）

Minerva Fabienne Hase & Nikita Volodin
ミネルヴァ・ファビアン・ハーゼ & ニキータ・ボロジン
ドイツ

©Joluskating

2026年五輪出場を目指すドイツ期待の新ペア。ハーゼは北京五輪代表、ボロジンはロシア出身で2016年ユース五輪銅の実力者。

ハーゼ ❶1999年6月10日 ❷ベルリン ❸167cm　ボロジン ❶1999年6月29日 ❷サンクト・ペテルブルグ ❸188cm ❹ベルリン ❺D・サーヴィン、K・シューベルト、R・レックス ❻23年CSネーベルホルン杯。194.96（23年CSネーベルホルン杯）、66.22（23年CSロンバルディア杯）、132.11（23年CSネーベルホルン杯）❽「Stay」、「The Path of Silence / The Power of Mind」

Daria Danilova & Michel Tsiba
ダリア・ダニロワ & ミシェル・ツィーバ
オランダ

©Yazuka Wada

2021年、オランダ代表として初めて世界選手権に出場したペア。ツィーバは2018年までシングル選手として国際大会に出場。

ダニロワ ❶2002年9月8日 ❷モスクワ ❸155cm　ツィーバ ❶1997年12月21日 ❷フローニンゲン ❸184cm ❹ヘーレンフェーン、ソチ（ロシア）❺D・サーヴィン、F・クリモフ、P・キタシェフ、K・シューベルト ❻23年世界13位。22年世界9位、欧州21位。21年世界22位。20年欧州16位。❼173.85（23年世界）、61.24（23年世界）、112.61（23年世界）❽「ハンガー・ゲーム」、「The Chain」

Camille Kovalev & Pavel Kovalev
カミーユ・コヴァレフ & パヴェル・コヴァレフ
フランス

©Yazuka Wada

昨季フランスGPで初メダルを獲得したフランス・チャンピオン。カミーユがロシア出身のパヴェルと2014年に結成、2017年に結婚。

カミーユ ❶1994年11月29日 ❷トゥールーズ ❸160cm　パヴェル ❶1992年1月4日 ❷サンクト・ペテルブルグ（ロシア）❸177cm ❻23年世界14位、欧州6位。22年世界8位、欧州14位。❼179.85（22年GPフランス）、63.98（22年GPフランス）、115.87（22年GPフランス）❽「The Feeling Begins / Prince of Persia」、「No Time to Die / Manners Maketh Man」ほか

ブルック・マッキントッシュ＆
バンジャミン・ミマール
カナダ

©Yazuka Wada

2020年結成。2022年世界ジュニア銅で、昨季のNHK杯で3位に入ったカナダ代表。マッキントッシュの妹サマーは著名な競泳選手。

マッキントッシュ ❶2005年1月5日 ❷カナダ ❸167cm　ミマール ❶2000年11月26日 ❷ラヴァル ❸193cm ❺A・エヴァンス、D・サーヴィン ❻23年世界11位、カナダ2位。22年世界J3位。❼181.95（23年世界）、63.33（23年世界）、118.62（23年世界）❽「オー！ダーリン」、「苦悩する地球人からのSOS／The Firmament」

ケリー・アン・ラウリン＆
ルーカス・エシレ
カナダ

©Nobuaki Tanaka

2018年結成。昨季GPデビュー戦スケートアメリカでいきなり銅メダルを獲得。エシレは消防士で、2人ともコーチも務める。

ラウリン ❶2005年11月16日 ❷サン・ジェローム ❸160cm　エシレ ❶2000年6月3日 ❷サン＝テュスタシュ（フランス）❸186cm ❹ローズメール ❺S・バロア、Y・デジャルダン、V・エマール、A・バラベ ❻23年四大陸7位、カナダ4位。20年世界J14位。❼175.73、59.59、116.14（すべて23年CSネーベルホルン杯）❽「All Right Now」、「You Don't Own Me／Independent Mind」

エリー・カム＆
ダニー・オシェイ
アメリカ

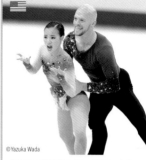

©Yazuka Wada

2018年四大陸優勝のオシェイが2022年カムと結成。カムは横田基地生まれで、母親が日本人。箱根駅伝の名将・上田誠仁元監督の姪。

カム ❶2004年12月20日 ❷神奈川 ❸152cm　オシェイ ❶1991年2月13日 ❷ポンティアック ❸183cm ❹コロラドスプリングス ❺D・ミーキンス ❻23年世界12位、四大陸6位、全米3位。❼178.83（22年CSゴールデン・スピン）、63.40（23年世界）、116.76（22年CSゴールデン・スピン）

ヴァレンティーナ・プラザス＆
マキシミリアーノ・フェルナンデス
アメリカ

©Nobuaki Tanaka

2016年全米ジュニア・ペア優勝のフェルナンデスが2020年にプラザスと結成。昨季スケートアメリカでGPデビュー。愛犬家。

プラザス ❶2000年4月18日 ❷ボゴタ　フェルナンデス ❶1995年9月29日 ❷ハイアリア ❸170cm ❹カントン ❺J・ピーターソン、A・エヴォラ ❻23年四大陸5位、全米5位。❼169.37（23年CSネーベルホルン杯）、60.40（22年CSフィンランディア杯）、114.44（23年CSネーベルホルン杯）❽「パガニーニの主題による狂詩曲」、「トップ・ガン・マーベリック／Hold My Hand」

パン・チェン＆
ワン・レイ
中国

©Japan Sports　©Japan Sports

パン＆ジンとして2度五輪出場を果たしたパンと、ベテランのワンの新ペア。ワンはシングル時代の2005年ジュニアGPで初来日。

パン ❶1997年4月23日 ❷ハルビン ❸160cm　ワン ❶1988年7月11日 ❷ハルビン ❸184cm

アナスタシア・ゴルベワ＆
ヘクトール・ジオトポリス・ムーア
オーストラリア

©Yazuka Wada

昨季ジュニアGPファイナルを制し、初出場の世界選手権で8位に入ったオーストラリアの新星。ゴルベワはモスクワ出身。

ゴルベワ ❶2006年1月3日 ❷モスクワ（ロシア）❸157cm　ジオトポリス・ムーア ❶2002年6月25日 ❷メルボルン ❸184cm ❹シドニー ❺G・バーチナ、A・バーチン ❻23年世界8位、世界J2位、22年JGPF1位。22年世界J2位。❼189.47（23年世界）、63.62（22年CSワルシャワ杯）、127.52（23年世界）❽SP「Architect of the Mind」

ペア

109

Madison Chock & Evan Bates

マディソン・チョック＆
エヴァン・ベイツ

アメリカ

©Yazuka Wada

アイスダンス

チョック ❶1992年7月2日 ❷レドンド・ビーチ ❸157cm

ベイツ ❶1989年2月23日 ❷アナーバー ❸187cm ❹モントリオール ❺M-F・デュブリュイユ、P・ローゾン、R・アグノエル ❻23年世界1位、四大陸1位、全米1位。22年世界3位、五輪4位。21年世界4位。20年四大陸1位、19年GPF2位。19年四大陸1位、18年五輪9位。14年五輪8位。 ❼232.32（23年世界国別）、93.91（23年世界国別）、138.41（23年世界国別）

出場10回目にして、念願の世界タイトルを獲得。別のパートナーとジュニアの頂点を極めた2人が2011年に結成。世界選手権で初メダルを手にしたのち浮き沈みのある数シーズンを過ごすが、2022年世界選手権の表彰台に返り咲いた。工夫をこらしたムーヴメントにオリジナリティあふれるプログラムが大きな魅力。チョックが手掛けた衣装デザインは、ISUアワードを2度受賞した。私生活では婚約中。

©Kiyoshi Sakamoto

Charlene Guignard & Marco Fabbri

シャルレーヌ・ギナール&
マルコ・ファッブリ

イタリア

©Shinshokan

ギナール ❶1989年8
月12日 ❷ブレスト（フ
ランス）❸161cm
ファッブリ ❶1988年
2月2日 ❷ミラノ ❸
165cm ❹アッサーゴ
（ミラノ）❺B・フーザル・
ポリ、R・ペリッツォー
ラ ❻23年世界2位、
欧州1位、22年GPF3
位、22年世界4位、五
輪5位。18年五輪10位。
14年五輪14位。 ❼
223.24（23年世界
国別）、90.90（23年
世界国別）、132.34
（23年世界国別）❽
「Holding Out For a
Hero/Against All
Odds」、「Through the
Sheets」ほか

©Yazuka Wada

スピードに乗って、細かいフットワークで喜怒哀楽の感情を豊かに
表現するイタリアのトップチーム。公私ともによきパートナーで、
昨季は、初めてのGP優勝に続き、11回目の挑戦で、ついにヨーロッ
パ選手権金メダルと世界選手権で銀メダルを獲得。世界チャンピ
オンでソルトレイク五輪銅メダルのフーザル＝ポリに師事し、30代
半ばのいまも一歩一歩着実に進化を続けていることを証明した。

Piper Gilles & Paul Poirier

パイパー・ギレス&
ポール・ポワリエ

カナダ

🇨🇦

©Nobuaki Tanaka

ギレス ❶1992年1月
16日 ❷ロックフォード
（アメリカ）❸163cm
ポワリエ ❶1991年
11月6日 ❷オタワ ❸
174cm ❹スカボロー
❺C・レイン、J・ラザ
グリアエフ、J・レイン
❻23年世界3位。22
年GPF1位。22年世
界5位、五輪7位。21
年世界3位。20年四大
陸2位、19年GPF5位。
19年四大陸3位。18年
五輪8位。❼219.49
（22年GPフィンラン
ド）、88.37（23年世
界国別）、131.69（22
年GPフィンランド）

あるときはユニークに、またあるときはドラマ
ティックに、多彩な物語を氷上に描き出すカナ
ダ代表。別のパートナーと18歳でバンクー
バー五輪に出場したポワリエが、アメリカの
スケート一家出身のギレスと2011年に結成。
7位に終わったオリンピックの失望を乗り越
え、昨季GPファイナルで初優勝。ギレスの
虫垂炎で休養を余儀なくされたが、さいたま
で2度目の世界選手権銅メダルに輝いた。

アイスダンス

©Nobuaki Tanaka

ライラ・フィアー＆
ルイス・ギブソン

イギリス

©Shinshokan

フィアー ①1999年6
月11日 ②グリニッジ
（アメリカ）③160cm
ギブソン ①1994年5
月日 ②プレストウィッ
ク ③175cm ④モント
リオール ⑤R・アグノ
エル、P・ローゾン、
M-F・デュブリュイユ
⑥23年世界4位、欧
州2位。22年世界6位、
五輪10位、欧州5位。
21年世界7位。⑦
214.73（23年世界）、
86.56（23年世界）、
128.17（23年世界）
⑧「ユーリズミックス・
メドレー」、「ロッキーの
テーマ／Eye Of The
Tiger」

©Nobuaki Tanaka

英国期待のヨーロッパ選手権銀メダリ
スト。フィアーはカナダ人の両親のもと、
アメリカで生まれ、ロンドンでスケート
を始める。ギブソンはテレビで「ダンシ
ング・オン・アイス」を見て、11歳でスケー
トを始め、21歳までシングル選手として
活躍。2016年に結成。英国が誇るアイ
スダンサー、トーヴィル＆ディーンのよ
うに、つねにクリエイティブで斬新なパ
フォーマンスを目指している。

アイスダンス

Laurence Fournier Beaudry & Nikolaj Soerensen

ロランス・フルニエ・ボードリー＆ ニコライ・サーレンスン
カナダ

©Shinshokan

長いキャリアの末に世界のメダルを狙える位置についたカナダ・チャンピオン。2012年に結成し、デンマーク代表として活躍したが、フルニエ・ボードリーの国籍変更が難航し、2018年にカナダに所属変更を表明。サーレンスンがカナダ国籍を取得し、2022年に五輪出場を果たした。昨季はNHK杯でGP初優勝、四大陸メダルも獲得し、自己ベストを13点更新する躍進を見せた。

©Yazuka Wada

フルニエ・ボードリー ❶1992年7月18日 ❷モントリオール ❸165cm サーレンスン ❶1989年2月18日 ❷コペンハーゲン（デンマーク）❸184cm ❹モントリオール ❺M-F・デュブリュイユ、P・ローゾン、R・アグノエル ❻23年世界5位、四大陸2位。22年世界9位、五輪9位。❼214.08（23年四大陸）、86.28（23年四大陸）、128.45（23年世界）❽「トップガン」「Danse Mon Esmeralda／Final Angelus Bells」ほか

Marjorie Lajoie & Zachary Lagha

マージョリー・ラジョア＆ ザカリー・ラガ
カナダ

©Nobuaki Tanaka

昨季四大陸選手権で表彰台に上がった2019年世界ジュニアチャンピオン。2人とも多才で、ラジョアは子役としてテレビドラマで人気を集め、ラガは幼少からピアノのコンクールで活躍し、カーネギーホールで演奏経験がある。

ラジョア ❶2000年11月6日 ❷ブーシュヴィル ❸153cm ラガ ❶1999年4月15日 ❸172cm ❹モントリオール ❺R・アグノエル、M-F・デュブリュイユ、P・ドゥニほか ❻23年四大陸3位。22年世界11位、五輪13位。❼202.40（22年CSブダペスト杯）、82.09（22年CSブダペスト杯）、120.96（23年四大陸）❽「マイケル・ジャクソン・メドレー」、「Roses」

Juulia Turkkila & Matthias Versluis

ユリア・トゥルッキラ＆ マティアス・ヴェルスルイス
フィンランド

©Yazuka Wada

2016年結成、昨季世界トップ10入りを果たしたヨーロッパ銅メダリスト。ラインの美しさが目を引く2人は、それぞれ世界選手権、世界ジュニアにシングルでの出場経験がある。ソルトレイク五輪銅のマルガリオに師事。

トゥルッキラ ❶1994年11月3日 ❷ヘルシンキ ❸164cm ヴェルスルイス ❶1994年7月18日 ❷ジュノリエ（スイス）❸176cm ❹ヘルシンキ ❺M・マルガリオ、N・ブラウン ❻23年世界9位、欧州3位。22年世界12位、五輪15位。21年世界21位。❼198.21（23年欧州）、77.56（23年欧州）、120.65（23年欧州）❽「テイラー・デイン・メドレー」、「Mass／Loss」（ともにM・スカリ）

キャロライン・グリーン＆マイケル・パーソンズ
アメリカ

©Shinshokan

世界選手権初出場6位と活躍。躍動感のある滑りが持ち味の全米銀メダリスト。昨季からソチ五輪金のチャーリー・ホワイトに師事。

グリーン ①2003年10月3日②ワシントン ③162cm パーソンズ ①1995年10月3日②ウィートン ③170cm ④カントン ⑤C・ホワイト、T・ホワイト、G・ズーライン ⑥23年世界6位、四大陸5位、全米2位。 ⑦201.44（23年世界）、80.62（22年四大陸）、122.70（23年世界）⑧「Straight Up／Cold Hearted」、「Denmark／Wind and Snow」

クリスティーナ・カレイラ＆アンソニー・ポノマレンコ
アメリカ

©Nobuaki Tanaka

五輪金のスコット・モイアらの指導のもと、昨季世界選手権に初出場。ポノマレンコの両親は92年五輪金クリモワ＆ポノマレンコ。

カレイラ ①2000年4月3日②モントリオール（カナダ）③166cm ポノマレンコ ①2001年1月5日②サン・ノゼ③181cm ④ロンドン（カナダ）、モントリオール ⑤S・モイア、M・ハベルほか ⑥23年世界10位、四大陸4位。22年四大陸3位。 ⑦191.55（19年CSアジアン・オープン）、78.40（19年CSアジアン・オープン）、114.86（23年世界）⑧「Whole Lotta Trouble」ほか、「パフューム ある人殺しの物語」

ケイトリン・ハワイエク＆ジャン＝ルック・ベイカー
アメリカ

©Nobuaki Tanaka

昨季GPファイナルに出場したのち、心身の休養のため、全米選手権を欠場。今季GP復帰予定。ベイカーの母はオリンピアン。

ハワイエク ①1996年11月4日②バッファロー③160cm ベイカー ①1993年10月7日②バーンリー（イギリス）③170cm ④モントリオール ⑤22年世界8位、五輪11位。21年世界9位。18年GPF6位。18年四大陸1位。⑦202.46（22年GPフィンランド）、80.93（22年GPフィンランド）、122.95（22年GPアメリカ）

エミリア・ジンガス＆ワジム・コレスニク
アメリカ

©US Figure Skating

世界ジュニア優勝のコレスニクが22年ジンガスと結成。コレスニクはウクライナ出身で17年にシュビルバンドに師事するため渡米。

ジンガス ①2002年4月22日②グロース・ポワント・ファームズ ③155cm コレスニク ①2001年10月27日②ハルキウ（ウクライナ）③175cm ④ノバイ ⑤I・シュビルバンド、N・デラー、A・レンダ、P・カメンゴ⑥23年全米4位。⑦187.28、75.61、111.67（すべて23年CSネベラ・メモリアル）⑧「マイケル・ジャクソン・メドレー」、「美女と野獣」（ともにI・シュビルバンド）

エミリー・ブラッティ＆イアン・サマーヴィル
アメリカ

©Shutterz

2021年結成。今季のFDは、コストナーやランビエルのプログラムに憧れて選曲した。コーチはソチ五輪金のチャーリー・ホワイト。

ブラッティ ①2002年6月11日②ワシントン③165cm サマーヴィル ①2000年9月1日②ワシントン③172cm ④カントン ⑤G・ズーライン、C・ホワイト、T・ホワイト⑥23年全米5位。22年四大陸5位。⑦179.14（22年GPカナダ）、71.61（22年CSアイス・チャレンジ）、109.47（23年CSロンバルディア杯）⑧「When Doves Cry／Let's Go Crazy」、「Ne Me Quitte Pas／Don't Fly Away」

エヴァ・ペイト＆ローガン・バイ
アメリカ

©Nobuaki Tanaka

2019年結成。今季オータムクラシックで国際大会初優勝を果たした。婚約中で、バイはミシガン大学で生体医工学を修めた文武両道。

ペイト ①2000年5月11日②クリーブランド③157cm バイ ①1998年3月2日②コロラドスプリングス③173cm ④ノバイ ⑤P・カメンゴ、I・シュビルバンド、N・デラー、A・レンダ⑥23年全米8位。⑦191.20（23年CSオータム・クラシック）、77.02（23年CSオータム・クラシック）、114.18（23年CSオータム・クラシック）⑧「My Prerogative／Walk This Way」、「醜態人の踊り」

アイスダンス

Marie-Jade Lauriault & Romain Le Gac
マリ＝ジャド・ローリオ＆ロマン・ル・ガック
カナダ

©Nobuaki Tanaka

フランス代表として平昌オリンピックに出場した夫婦チーム。パンデミックを機に、ローリオの生地カナダに所属変更。

ローリオ ❶1996年11月10日 ❷ラヴァル ❸150cm ❹ル・ガック ❶1995年5月31日 ❷ノジャン＝シュル＝マルヌ（フランス）❸178cm ❹モントリオール ❺P・ローゾン、M-F・デュブリュイユほか ❻23年四大陸6位。22年四大陸6位。（フランス代表として）19年世界14位、欧州10位。❼189.07、74.59、114.48（すべて22年GPカナダ）❽「INXSドレー」、「Corpse Bride」

Shiyue Wang & Xinyu Liu
ワン・シーユエ＆リュウ・シンユー
中国

©Shinshokan

2013年に国際大会デビュー、長いキャリアを誇る中国のアイスダンスの第一人者。2022年北京で2度目のオリンピック出場。

ワン ❶1994年4月21日 ❷長春市 ❸163cm ❹リュウ ❶1994年10月16日 ❷長春市 ❸190cm ❹北京 ❺P・ローゾン、M-F・デュブリュイユ、R・アグノエル、P・ドゥニ ❻22年五輪12位、21年世界13位。20年四大陸4位。19年世界15位。18年五輪22位。❼196.75、77.45、119.30（すべて20年四大陸）

Hannah Lim & Ye Quan
イム・ハナ＆クァン・イェ
韓国

©Nobuaki Tanaka

世界ジュニア選手権で韓国アイスダンス初のISUメダルを獲得した新進カップル。韓国系と中国系カナダ人の2人が2019年に結成。

イム ❶2004年11月19日 ❷ノースヨーク（カナダ）❸165cm ❹クァン ❶2001年10月15日 ❷レイキャビク（アイスランド）❸169cm ❹モントリオール ❺M-F・デュブリュイユほか ❻23年世界J2位、22年JGPF2位。22年世界J6位。❼179.23（23年世界別）、71.08（23年世界J）、109.27（23年世界国別）❽「レッツ・ゴー・クレイジー」ほか（R・アグノエル）、「シェルブールの雨傘」（M-F・デュブリュイユ）

Allison Reed & Saulius Ambrulevicius
アリソン・リード＆サウリウス・アンブルレヴィチウス
リトアニア

©Yazuka Wada

世界の表彰台に迫るリトアニア代表。アリソンは元日本代表のキャシーとクリスの妹で、ジョージア、イスラエルの代表経験がある。

リード ❶1994年6月8日 ❷カラマズー（アメリカ）❸163cm ❹アンブルレヴィチウス ❶1992年6月10日 ❷カウナス ❸176cm ❹モントリオール ❺M-F・デュブリュイユ、P・ローゾンほか ❻23年世界7位、欧州4位。22年世界10位。❼199.20（23年世界）、78.98（22年CSネーベルホルン杯）、120.50（23年世界）❽「ガンズ・アンド・ローゼス・メドレー」、「Enough of Our Machinen」ほか

Natalie Taschlerova & Filip Taschler
ナタリー・タシュレロワ＆フィリップ・タシュラー
チェコ

©Yazuka Wada

2021年に世界選手権に初出場以来、急成長を遂げているチェコの新進兄妹チーム。今季のFDは亡き父に捧げるプログラム。

タシュレロワ ❶2001年12月9日 ❷ブルノ ❸165cm ❹タシュラー ❶1999年8月29日 ❷ブルノ ❸182cm ❹ボルツァーノ ❺M・ヴィニ、B・レズニコワ、D・ロドラ、D・ベルツォほか ❻23年世界8位、22年世界13位、五輪16位、欧州11位。❼196.39（23年世界）、76.91（23年欧州）、119.83（23年世界）❽「The Knowledge／Juicy Frui」ほか、「Bluecobalto／Terra Rosa」ほか

Yuka Orihara & Juho Pirinen
折原裕香＆ユホ・ピリネン
フィンランド

©Shinshokan

昨季NHK杯でGPデビュー。日本、カナダで活動した折原がピリネンと2019年結成。日本のショーでも息の合った滑りを披露。

折原 ❶2000年6月26日 ❷埼玉（日本）❸157cm ❹ピリネン ❶1995年11月2日 ❷ラッペーンランタ ❸176cm ❹ヘルシンキ ❺M・マルガリオ、N・ブラウン ❻20年欧州18位。❼176.77（21年CSワルシャワ杯）、71.56（21年CSワルシャワ杯）、105.91（23年CSネベラ・メモリアル）❽「マドンナ・メドレー」、「シカゴ」

Katerina Mrazkova & Daniel Mrazek
カテジナ・ムラズコワ＆
ダニエル・ムラゼック
チェコ

©Kiyoshi Sakamoto

世界ジュニアチャンピオンの兄妹チーム。シングルで2020年ユース五輪出場経験のある兄のケガを機に2人でアイスダンスに転向。

ムラズコワ ❶2006年8月25日 ❷プルフラビー ❸164cm　ムラゼック ❶2003年5月15日 ❷ニンブルク ❸175cm ❹エーニャ ❺M・ザンニ、B・レゾニコワ、K・ミュラー、D・ロドラほか ❻23年世界J1位、22年JGPF3位。 ❼177.43（23年ロンバルディア杯）、71.87（22年JGPイタリア）、110.12（23年CSロンバルディア杯） ❽「セルフ・コントロール」ほか、「白鳥の湖」

Evgeniia Lopareva & Geoffrey Brissaud
エフゲニア・ロパレワ＆
ジェフリー・ブリッソー
フランス

©Yazuka Wada

パパダキス＆シゼロンの後継として奮闘するフランスチャンピオン。2026年、2030年のオリンピック出場を目指す。

ロパレワ ❶2000年5月30日 ❷モスクワ（ロシア）❸161cm　ブリッソー ❶1998年3月23日 ❷リモージュ ❸170cm ❹リヨン、モントリオール ❺R・ベテハンほか ❻23年世界12位、欧州5位。22年欧州9位、21年世界17位。 ❼194.67（23年世界国別）、76.83（22年CSブダペスト杯）、118.52（23年世界国別） ❽「ミレーヌ・ファルメール・メドレー」、ラフマニノフ「幻想的小品集 第1曲 悲歌」ほか

Loicia Demougeot & Theo Le Mercier
ルイシア・ドゥモジョ＆
テオ・ル・メルシェ
フランス

©Yazuka Wada

2015年に結成、EXではユニークな演技で楽しませるフランス代表。昨季世界選手権初出場。練習拠点はアルプスのリゾート地。

ドゥモジョ ❶2002年1月31日 ❷ベルフォール ❸172cm　ル・メルシェ ❶1999年10月18日 ❷ベルフォール ❸179cm ❹ヴィラール・ド・ラン ❺K・アリベルト＝ナルセ、M・シャントローズ ❻23年世界16位、欧州7位。22年欧州16位、20年世界J6位。 ❼182.00（22年CSワルシャワ杯）、72.55（23年欧州）、109.87（22年CSワルシャワ杯） ❽「Jump On It」ほか、「月の光／Waves」

Maria Kazakova & Georgi Reviya
マリア・カザコワ＆
ゲオルギー・レヴィヤ
ジョージア

©Yazuka Wada

世界トップ10入りを狙うジョージア代表。20年世界ジュニアで2位になり、アイスダンスでジョージア初のISU選手権メダルを獲得。

カザコワ ❶2001年7月15日 ❷モスクワ ❸160cm　レヴィヤ ❶1999年4月3日 ❷オジンツォヴォ（ロシア）❸184cm ❹エーニャ ❺M・ザンニ、B・レゾニコワ ❻23年世界13位、欧州8位、22年世界15位、五輪19位、20年世界J2位、19年JGPF1位。 ❼181.22（23年世界）、70.95（23年CSロンバルディア杯）、111.79（23年世界） ❽「QUEENメドレー」、「シンデレラのリスト」（ともにM・ザンニ）

Jennifer Janse Van Rensburg & Benjamin Steffan
ジェニファー・ヤンセ・ファン・レンスパーク＆
ベンヤミン・シュテファン
ドイツ

©Yazuka Wada

昨季世界選手権とヨーロッパ選手権に初出場したドイツ代表。練習拠点はネーベルホルン杯で有名なオーベルストドルフ。

ジェニファー ❶1993年5月9日 ❷オーベルストドルフ ❸160cm　シュテファン ❶1996年1月12日 ❷ケムニッツ ❸188cm ❹オーベルストドルフ ❺R・シニツィン、N・カラミシェワ ❻23年世界15位、欧州9位。 ❼180.50、72.58、108.92（すべて22年CSワルシャワ杯） ❽「Beds Are Burning／Don't Leave Me Now」ほか、「タンゴ／リベルタンゴ」（ともにP・カメレンゴ）

Olivia Smart & Tim Dieck
オリビア・スマート＆
ティム・ディーク
スペイン

©Danielle Earl/Skate Canada

別のパートナーと北京オリンピックに出場した2人が2022年秋に結成。ドイツ出身のディークは母がコーチ、父がジャッジ。

スマート ❶1997年4月1日 ❷シェフィールド（イギリス）❸165cm　ディーク ❶1996年4月7日 ❷ドルトムント（ドイツ）❸178cm ❹モントリオール ❺M-F・デュブリュイユ、P・ローゾン、R・アグノエル、P・トゥルソ ❼169.11、72.27、96.84（すべてCSオータム・クラシック） ❽「Call Me／Rapture」、「Craw-Fever／Suspicious Minds」ほか

アイスダンス

2023-2024シーズン おもな競技会

　フィギュアスケートシーズンの区切りは、7月1日から翌年6月30日まで。シニアは、10月から始まる「ISUグランプリシリーズ」で本格始動する。今季はアメリカ、カナダ、フランス、中国、フィンランド、NHK杯（日本）のグランプリ6大会のうち最大2大会に出場し、獲得ポイント上位6名（組）が、12月のグランプリファイナルに進出できる。各国の国内選手権を経た選手たちは、1～2月のヨーロッパ選手権や四大陸選手権に出場する。3月には、シーズン最大のイベントである世界選手権が行われ、各国代表の選手たちが集結し、このシーズンの世界一が決定する。

　男女シングル、ペアはショートプログラム（SP）とフリースケーティング（FS）、アイスダンスはリズムダンス（RD）とフリーダンス（FD）が行われ、合計点で順位が決まる。今季のリズムダンスのテーマは「1980年代の音楽と感覚」。

3/20-24
世界選手権
カナダ・モントリオール

　2023-2024をしめくくる世界選手権は、カナダのモントリオールで行われる。カナダでの開催はオンタリオ州ロンドンで行われた2013年大会以来11年ぶり。

　日本の出場枠は、さいたまで行われた前回大会の結果を受けて、男子シングル、女子シングル、ペアが各3枠、アイスダンスが1枠。各種目の3枠を獲得している国は、男子が日本、アメリカ、韓国、女子が日本、韓国、ペアが日本、アメリカ、カナダ、アイスダンスがアメリカ、カナダ。

　会期は3月20～24日。会場はベル・センター。前回大会、日本は男子の宇野昌磨、女子の坂本花織、ペアの三浦璃来&木原龍一が優勝しており、日本初の世界選手権3種目制覇を果たした。今大会、それぞれがさらなる新記録を打ち立てることができるのか、注目が集まる。

2/1-2/4
四大陸選手権
中国・上海

　ISUが主催するISU選手権の1つで、ヨーロッパを除く国と地域の代表選手が出場する。ヨーロッパ選手権と双璧をなす重要な大会であり、昨年は三浦佳生とペアの三浦璃来&木原龍一組が優勝を果たし、佐藤駿と千葉百音が3位となり、日本は計4つのメダルを獲得した。出場枠は、男子シングル、女子シングル、ペア、アイスダンスで各3枠。会場はオリエンタルスポーツセンター。

12/7-10
グランプリファイナル
中国・北京

　ISUグランプリシリーズの決勝戦となる大会。シーズン前半の世界一を決めるとあって、毎年白熱した戦いが展開される。

　グランプリシリーズ6大会のうち、出場した2大会での獲得したポイント数が多い上位6名（組）が出場できる。ジュニアグランプリシリーズを勝ち抜いた6名（組）が出場するジュニアグランプリファイナルも同時開催。会場は首都体育館。

世界選手権の派遣選手選考基準　（男女シングル3枠・ペア3枠・アイスダンス1枠）

● 男女シングル
①全日本選手権大会優勝者を選考する。
②以下のいずれかを満たす者から総合的に判断して1名選考する。
　A) 全日本選手権大会2位、3位の選手
　B) ISUグランプリファイナル出場者上位2名
　C) 全日本選手権大会終了時点でISUシーズンベストスコア上位3名
③以下のいずれかを満たす者から総合的に判断して、上記①②で選考された選手を含め、3名に達するまで選考する。
　A) ②のA) C)に該当し、②の選考から漏れた選手
　B) 全日本選手権大会終了時点でのISUワールドスタンディング上位3名
　C) 全日本選手権大会終了時点でのISUシーズンワールドランキング上位3名
　D) 全日本選手権大会までに派遣した国際競技会、および強化部が指定した国内競技会〈＊1〉における　総合得点の最も高い2試合〈＊2〉の上位3名

● ペア・アイスダンス
以下のいずれかを満たす組から総合的に判断して選考する。
　A) 全日本選手権大会優勝組、2位、3位の組
　B) 全日本選手権大会終了時点でのISUワールドスタンディング最上位組
　C) 全日本選手権大会終了時点でのISUシーズンベストスコアの最上位組

※ 最終選考会である全日本選手権大会への参加は必須である。（補欠の選考はこれに限らない）ただし、過去に世界選手権大会3位以内に入賞した実績のある選手が、けが等のやむを得ない理由で全日本選手権大会へ参加できなかった場合、不参加の理由となったけが等の事情の発生前における同選手の成績を上記選考基準に照らして評価し、世界選手権大会時の状態を見通しつつ、選考することがある。
＊1 強化部が指定した国内競技会とは、以下を指す。
　・東日本選手権、西日本選手権、東日本ジュニア選手権、西日本ジュニア選手権
　・全日本ジュニア選手権
＊2 本項目の総合得点は、シニアカテゴリーの総合得点に加え、ジュニアカテゴリーの総合得点も対象とする。

スケジュール

11/24-26
ＩＳＵグランプリ
NHK杯 大阪

　日本で開催される国際大会の草分け「NHK杯国際フィギュアスケート競技大会」。1979年、日本スケート連盟創立50周年を記念し、創設された。現在、ISU公認のグランプリシリーズ6大会の1つ。グランプリ大会は1位に15P、2位に13P、3位に11Pといったように順位ごとに決められたポイントがあり、ファイナル進出には2大会ともに結果を出すことが求められる。

　今年は日本から、今大会2連覇中の宇野昌磨をはじめ、鍵山優真、壷井達也、三原舞依、樋口新葉、青木祐奈、ペアに三浦璃来＆木原龍一、国際大会デビューとなる長岡柚奈＆森口澄士、アイスダンスに小松原美里＆尊が出場予定。会期は11月24〜26日。会場は門真市・東和薬品RACTABドーム。

12/21-24
全日本選手権
長野

　世界選手権、四大陸選手権、世界ジュニア選手権などの代表を決める最終選考会。シード選手のほか、ブロック大会、東・西日本選手権を勝ち抜いた選手と全日本ジュニアの上位選手が一堂に会する。

　昨年は、シングルで宇野昌磨、坂本花織が、ペアではジュニアチームの村上遥奈＆森口澄士が、アイスダンスでは村元哉中＆高橋大輔組が表彰台の真ん中に立った。

　今大会は12月21〜24日、長野のビッグハットで行われる。25日にはエキシビション「オールジャパン メダリスト・オン・アイス」も開催。

10月	10/20-22	ＩＳＵグランプリ **スケートアメリカ** アメリカ・テキサス州アレン
	10/21-22	**全日本ノービス選手権** 東京都西東京市（ダイドードリンコアイスアリーナ）
	10/27-29	ＩＳＵグランプリ **スケートカナダ** カナダ・バンクーバー
	10/27-29	**西日本選手権** 広島県広島市（ひろしんビッグウェーブ）
11月	11/3-5	ＩＳＵグランプリ **フランスグランプリ** フランス・アンジェ
	11/3-5	**東日本選手権** 青森県八戸市（テクノルアイスパーク八戸）
	11/10-12	ＩＳＵグランプリ **カップ・オブ・チャイナ** 中国・重慶
	11/17-19	ＩＳＵグランプリ **エスポーグランプリ** フィンランド・エスポー
	11/17-19	JOCジュニアオリンピックカップ大会 **全日本ジュニア選手権** 滋賀県大津市（木下カンセーアイスアリーナ）
	11/24-26	ＩＳＵグランプリ **NHK杯** 大阪府門真市（東和薬品RACTABドーム）
12月	12/7-10	ＩＳＵ **グランプリファイナル** **ジュニアグランプリファイナル** 中国・北京
	12/21-24	**全日本選手権** 長野県長野市（ビックハット）
1月	1/8-14	**ヨーロッパ選手権** リトアニア・カウナス
	1/19-2/2	**ユースオリンピック** 韓国・江原道
2月	2/1-2/4	**四大陸選手権** 中国・上海
	2/3-4	**全日本シンクロナイズドスケーティング選手権** 京都府京都市（京都アクアリーナ）
	2/26-3/3	**世界ジュニア選手権** 台湾・台北
3月	3/15-16	**世界ジュニアシンクロナイズドスケーティング選手権** スイス・ニューシャテル
	3/20-24	**世界選手権** カナダ・モントリオール
4月	4/5-6	**世界シンクロナイズドスケーティング選手権** クロアチア・グレザブ

町田樹セレクション
世界選手権大会スペシャルアワード2023

World Figure Skating Championships 2023
in Saitama Japan

2023年9月20日選評

町田 樹
Tatsuki Machida
國學院大學 助教

今回の世界選手権は、北京オリンピックという大きな節目の翌年にして、大きなルール改正が行われたシーズンのクライマックスに開催されたこともあり、次世代を担う選手の勢力関係や今後のフィギュアスケートの在り方を占う一戦になったように思う。実際、男子シングル、女子シングル、ペア、アイスダンスのいずれのカテゴリーにおいても、これまで各カテゴリーを牽引してきたリーダーの多くが軒並み引退、もしくは長期（無期限）活動休止の状態となる一方で、中堅や若手が一気に台頭し、世代交代を観る者に強く印象付ける結果となった。また選手の演技に対する新しいルールの影響力も、今大会でかなり明確になってきたように思われる。

さて、本アニュアル連載企画である「町田樹セレクション・スペシャルアワード」は、競技結果だけではその美質や魅力を伝えきることができない珠玉のプログラムやパフォーマンスに対して、僭越ながら筆者が、「独断で勝手に」贈る賞である。本稿では、世界フィギュアスケート選手権2023（2023年3月22日〜26日開催）において披露された傑出演技に対してアワードを贈り、その演技の美質を評釈していきたい。ぜひ読者の皆さんも、自身の琴線に触れた演技を何度でも味わいながら、皆さん独自の賞を贈ってみてはいかがだろうか。

カムバック賞

逆境や苦難を乗り越え、「継続は力なり」という言葉の体現と、見事なパフォーマンスを披露した選手に贈る賞。

◆ マッテオ・リッツォ
FS《Talking to the Moon 他》

私は、リッツォという選手の強みを演技の安定性が高いことだと考えていた。しかし、ここ数シーズンの彼はその強みである安定性を欠いており、見る度に悔しそうにリンクを去る姿が目立っていた。ところが、今大会では以前の安定性が戻ってきているのみならず、4回転ループという新技を華麗に決めて、ポテンシャルの高さを見せつける結果となった。その他にも難しいツイズルからの3回転アクセルに挑戦したり、失敗してしまったものの後半に4回転を組み込もうとするなど、かなりアグレッシブにプログラムを強化しており、来る2026年の母国開催であるミラノ・コルティナダンペッツォ五輪においては、間違いなく中心人物の一人になっているであろうことを予感させる出来栄えであった。

マッテオ・リッツォ ©Yazuka Wada

相貌の輝き賞

相貌とは、「身体が発散する魅力」である（＊）。人は誰もがその身体に相貌を持つと言われるが、とりわけ身体表現に取り組む者にとっては重要な概念と言えるだろう。「相貌の輝き賞」は、音楽に感応する演技者の魅力的な身体的性質を、存分に顕示した選手に贈る賞である

＊「相貌」という概念について詳しくは、尼ヶ崎彬著『ダンス・クリティーク──舞踊の現在／舞踊の身体』（勁草書房、2004年、178-224頁）を参照のこと。

キーガン・メッシング ©Yazuka Wada

◆ キーガン・メッシング SP《Grace Kelly》

メッシングは今季限りで引退することを表明していたため、おそらく彼の演技を一目見ようと会場を訪れた方も多かったのではないかと推察している。それほどまでに彼は皆から愛されたスケーターであった。特にSPではその期待に大いに応えたと言えるだろう。彼は、ロック系音楽を滑らせたら右に出る者はいないのではないかというほど、ロックの精神や曲調をスケートで表現することに長けているが、今回のSPではその彼の持ち味が遺憾なく発揮されており、なおかつシャープで飛距離のあるジャンプや爆発的な回転力を誇るスピンなどを鮮やかに決めて完全無欠の演技を披露した。演技の最中、終始観客からは温かな拍手と手拍子が送られていたが、

それに応えようと観客とのコミュニケーションを楽しみながら滑るメッシングの姿が非常に印象深かった。これほどまでに「滑る喜び」を爆発させて演技するスケーターを私は知らない。

イザボー・レヴィト ©Yazuka Wada

プロミス賞

世界選手権大会初出場の選手の中でも、とりわけ将来有望と思われる選手に贈る賞

◆ イザボー・レヴィト
SP《Una Noche más》
FS《Dulcea Si Tandra Mea Fiara》

◆ キム・チェヨン
SP《Everybody Knows》
FS《Poeta En El Viento》

◆ サラ・コンティ＆ ニッコロ・マチイ
SP《オブリビオン》
FS《ニューシネマパラダイス》

キム・チェヨン ©Yazuka Wada

今大会の女子シングルでは、米国のレヴィトと韓国のキムが初出場ながら、メダル獲得までもう一歩というところまで上位陣を追い詰めていた。彼女ら二人は必ずや次代のリーダーとなっていくことだろう。

またイタリア代表のコンティ＆マチイ組に関しては、世界選手権初出場にして銅メダルを獲得した。結成後わずか5年での快挙である。男子シングルのリッツォだけでなく、彼らもまた母国開催のミラノ五輪において台風の目になること間違いなしであろう。

サラ・コンティ＆ニッコロ・マチイ
©Yazuka Wada

飛躍的な進化を遂げた選手に贈る賞

◆ ミハイル・シャイドロフ
FS《カルミナ・ブラーナ》

今大会において多くの人々の耳目をそば立てたのが、このシャイドロフなのではないだろうか。あまりスピードがついていない状態からでも易々と綺麗に4回転を跳べてしまうジャンプスキルには驚かされた。あとはスケーティングとスピンスキルの底上げを図ることができれば、上位陣の仲間入りが果たせる潜在能力を持っている選手だと思われる。

ミハイル・シャイドロフ　©Yazuka Wada

◆ ルーカス・ブリッチギー
SP《Another Level 他》　FS《An Honorable Choice 他》

ブリッチギーは、今大会においてSPとFSをほとんどミスなくまとめ、8位と大健闘した。彼はスイス代表の選手なのだが、私は彼のスケートを見て、なぜかトマーシュ・ヴェルネルやミハル・ブレジナのような重厚なスケーティングとダイナミックなジャンプで魅せるチェコスタイルの継承者という印象を抱いたのだが、演技後のキスアンドクライを確認した瞬間に合点がいった。なぜならば、ブリッチギーの横にはヴェルネルが薫陶を受けたミヒャエル・フースコーチが座っていたからだ。ヴェルネルのスタイルを確かに受け継ぎながら、どこまでブリッチギーならではの演技を確立できるか、今後が楽しみな選手の1人である。

ルーカス・ブリッチギー　©Yazuka Wada

◆ イ・ヘイン　SP《Storm》　FS《オペラ座の怪人》

今大会、SPおよびFS共にミスなく演じきり、見事準優勝を果たした。スケーティング、ジャンプ、スピンいずれにもクセが一切なく、全ての能力において均整がとれている。まさに新たな韓国スターの誕生であると言えるだろう。可憐さの中にも溌剌として陽の気を発しているような相貌を持っており、今後この相貌を活かしてどのような表現を見せてくれるのか、とても楽しみである。

イ・ヘイン　©Yazuka Wada

◆ 三浦璃来＆木原龍一
SP《You'll Never Walk Alone》
FS《Atlas: Two》

　今大会において日本人ペア選手として初めて世界選手権の金メダルを獲得するという偉業を成し遂げた。木原は2013年から正式にペアの選手として活動していたわけだが、ペア選手デビューから10年という節目に見事世界の頂点に立った。三浦＆木原組の強みは滑らかなスケーティングと、その流れを決して削ぐことのないジャンプおよびスローイングスキルであろう。この点については、他のカップルを圧倒していたように思う。おそらくペアは技術力のばらつきが少ないカテゴリーであるため、上位陣は技術に加え、プログラムの作品性（完成度）が勝敗を分ける重要事項になると考えられる。この点においても彼らが次にどのような一手を打ってくるのか、期待しながら待ちたいと思う。

三浦璃来＆木原龍一　©Yazuka Wada

◆ キャロライン・グリーン＆
マイケル・パーソンズ
RD《Vocalizando他》
FD《ラプソディー・イン・ブルー》

　通常、何度も優れた作品を披露し、ゆっくりと着実にステイタスを上げていくことが求められる傾向にあるアイスダンス界において、初出場いきなり6位はかなりの大躍進と言えるのではないだろうか。無論、それもひとえに実力があるからこそ成せることである。彼らは非常にノーブルな相貌を持っており、その意味でも今回披露した《ラプソディー・イン・ブルー》のようなアメリカンクラシックの演技が非常に似合っていた。またRDとFDの両者においてユニークなリフト動作を盛り込むなどの工夫も凝らされていた。

キャロライン・グリーン＆マイケル・パーソンズ　©Yazuka Wada

村元哉中＆髙橋大輔　©Yazuka Wada

プログラムコンプリート賞

ショートプログラム（リズムダンス）とフリースケーティング（フリーダンス）共に完璧な演技を実施し、完全試合を果たした選手に贈る賞。なお、完璧な演技の定義は、「プロトコルに全くマイナス要素がないもの」とする。

MEN
◆ ジェイソン・ブラウン　SP《Melancholy》　FS《The Impossible Dream》

WOMEN
◆ ニコル・ショット　SP《Rain, In Your Black Eyes》　FS《ボヘミアン・ラプソディー》

ICE DANCE
◆ シャルレーヌ・ギナール＆マルコ・ファッブリ　RD《This Is 他》　FD《Eden 他》
◆ パイパー・ギレス＆ポール・ポワリエ　RD《Do What I Do 他》　FD《Don't Cry for Me Argentina 他》
◆ ライラ・フィアー＆ルイス・ギブソン　RD《Vivir Mi Vida 他》　FD《Born This Way 他》
◆ ロランス・フルニエ・ボードリー＆ニコライ・サーレンスン
　　RD《Rhythm Is Gonna Get You 他》　FD《Il mercenario 他》
◆ キャロライン・グリーン＆マイケル・パーソンズ　RD《Vocalizando 他》　FD《ラプソディー・イン・ブルー》

◆アリソン・リード＆サウリウス・アンブルレヴィチウス　RD《How How他》FD《Insomnia》
◆ナタリー・タシュレロワ＆フィリップ・タシュラー　RD《Hips Don't Lie他》FD《On the Nature of Daylight他》
◆クリスティーナ・カレイラ＆アンソニー・ポノマレンコ　RD《Kind of Latin Rhythm他》FD《Summertime》
◆村元哉中＆高橋大輔　RD《Conga and Rhythm is Gonna Get You, Ahora and Move》　FD《オペラ座の怪人》
◆マリア・カザコワ＆ゲオルギー・リヴィヤ　RD《Squid Samba他》FD《Mad World》
◆ヴィクトリア・マンニ＆カーロ・レトリスベルガー　RD《Wicked Game他》FD《Modigliani Suite他》
◆マリア・ホリュブツォワ＆キリル・ビエロブロフ　RD《SAD GIRLZ LUV MONEY他》FD《Bones他》

今大会においてもプログラムコンプリートを果た
した選手が数多く見られた。中でも特筆すべきは、
村元哉中＆高橋大輔組であろう。カップル結成わず
か3シーズン目にして、世界選手権という大舞台で
RDとFDを完璧に演じきった。これまで日本勢の世
界選手権最高位は、2018年の村元哉中＆クリス・
リード組の11位であったが、村元＆高橋組もこの最
高位にタイで並ぶ形となった。高橋にとってはシン
グル選手から移行してわずか3年で最高位を獲得す
るという偉業となり、一方の村元にとっては異なる
パートナーで2度日本勢最高位の成績を収めるとい
う偉業を成し遂げたことになる。2人はこのシーズ

ンをもって引退することを発表したが、まさに有終
の美を飾ることとなった。

なお、今大会では上記に記している選手の他にも、
チャ・ジュンファン、ケヴィン・エイモズ、ルーカス・
ブリッチギー、ウラジーミル・リトヴィンツェフ、マー
ク・ゴロニツキー、イ・ヘイン、キミー・リポンド、マ
リア・パブロワ＆アレクセイ・スヴィアチェンコがプ
ロトコルにほんのわずかながらマイナス要素がある
ものの、実質的にはプログラムコンプリートを果た
している。そしてここに挙げた選手は、皆これから
のフィギュア界を牽引していくことが期待される有
望なスケーターである。

フィギュアスケートにおける表現性の発展に寄与す
る独創的な振付やムーヴメント（一連の動きの流れ）
を開発した選手とその振付師に贈る賞。

◆ディアナ・ステラート＝ドゥダク＆
　マキシム・デシャン
　FS《クレオパトラ》（振付：ジュリー・マルコット）

今シーズン、女性スケーターのステラート＝
ドゥダクは39歳という年齢でISUグランプリ
シリーズのメダルを獲得し、これが史上最高齢
でのGPシリーズのメダル獲得記録であると話
題になったカップルである。だが、彼らはただ
ベテランというだけではない。彼らのプログラ
ムには驚くようなユニークムーヴメントが組み
込まれていた。まず特筆すべきは、FSの中盤
で披露されるデススパイラルである。通常、デ
ススパイラルは男性がピボットの姿勢（すなわ
ち後ろ向き滑走）で女性を操作するが、ステラー
ト＝ドゥダク＆デシャン組が今回披露したデス
スパイラルは、男性がピボットではなく前向き
滑走で女性を操作するかなりユニークなもので
あった。また演技クライマックスにおいても、
アイスダンスのステーショナリーリフトのよう
なリフト動作からそのままスピンに入るなど、
ペアの動作の多様性を開拓しようとする気概に
満ちた演技であった。

ディアナ・ステラート＝ドゥダク＆マキシム・デシャン　©Yazuka Wada

マチュアプログラム賞

1つのプログラムを成熟の域まで磨き上げた選手、ないし熟練の技を持つ「大人」スケーターの矜持を示すプログラムを発揮した選手に贈る賞。

◆ **チャ・ジュンファン**
　SP《Smooth Criminal他》　FS《No Time to Die》

◆ **ケヴィン・エイモズ**
　SP《Euphoria》　FS《グラディエーター》

チャ・ジュンファン　©Yazuka Wada

　この2人は、SPとFS共にほぼ完璧に演じきっており、実質的にはプログラムコンプリート賞に該当する大変素晴らしい演技を発揮した。チャとエイモズは共に長く実力者として認識されてきたが、この世界選手権においてそれぞれの演技のスタイルを確立したと言えるのではないだろうか。チャは流麗なスケーティングに軽やかな身のこなしと鋭いジャンプが何よりの強みで、エイモズは重力を感じさせないような自由自在のステップワークに、軸がまっすぐぶれないダイナミックなジャンプがトレードマークとなっている。スケーター皆がその競技人生の中で己のスタイルを確立させられるわけではないが、彼らはそれぞれオリジナルのスタイルを磨き抜き、なおかつそのスタイルを巧みに活かした作品作りが行えている稀有なスケーターであると私は考える。

ケヴィン・エイモズ　©Yazuka Wada

Le patinage artistique賞

フランス語圏において、フィギュアスケートは「芸術的スケート」(ル・パティナージュ・アーティスティック)という用語で表される。そこから転じて、「Le patinage artistique賞」は、技術と芸術が黄金比率で融合したパフォーマンスを発揮した選手に贈る賞である

◆ **ジェイソン・ブラウン**
　SP《Melancholy》　FS《The Impossible Dream》

　この賞は、「町田樹セレクション」のアニュアル連載が始まった2019年以来誰にも出してこなかったが、今大会における彼の演技に出さずしていつ出すのかと思うほど、ブラウンのSPとFSは共に技術と芸術の境界が融和していた。SPでは雨に打たれる悲壮な男を演じ、FSではあの名曲「見果てぬ夢」をスケートで朗々と謳い上げた。いずれのプログラムもジャンプ、スピン、ステップといった全ての技術が表現に紐づいており、最初から最後まで一部の隙なく統一的な作品世界を構築していた。このような演技のスタイルが世界的にスタンダードになることを一個人としては願っている。

ジェイソン・ブラウン　©Yazuka Wada

2023-2024 今季への期待

世界選手権 2023 において日本勢は史上初めて、男子シングル（宇野昌磨）、女子シングル（坂本花織）、ペア（三浦＆木原）の３冠を果たした。これは大変な偉業である。従来カップル競技が弱点とされてきた日本であるが、連盟の強化策や選手の努力が実を結び、ペアはもちろんのことアイスダンスも世界に通用する競技力を養うことができている。その意味において、2023-2024 シーズンは日本勢各個人の活躍を期待するだけでなく、どれだけ日本のチーム力を高められるかということにも注目していきたい。残念ながら世界国別対抗戦 2023 において、日本は期待通りの結果を得られなかったが、この調子でチーム力を高めていくことができれば、来る 2026 年のミラノ・コルティナダンペッツォ五輪の団体戦でも金メダルは夢ではないと考えている。

また、今シーズン引き続き注目したいのは、中堅や若手の動向だ。今年の世界選手権でも今後が楽しみな選手がたくさん見られたが、彼ら彼女らがどのように成長していくのか、誰が覚醒してリーダーとなっていくのか、きっとしのぎを削るような熱い闘いを繰り広げてくれることだろう。今年の世界選手権でメダルを獲得した上位陣もその地位は決して盤石ではなく、中堅からの下克上も大いにあり得ると考えられる。

そして選手の動向と同様に、改正された新しいルールが妥当であるか否かを注意深く検証していく必要もある。例えば、これはあくまでも私の個人的な見解なのだが、アイスダンスで新たに導入された RD の「コレオリズムシークエンス」は失敗であったと今回の世界選手権を通覧して感じた。なぜならば、最もクリエイティブであるはずの同シークエンスが最も画一的であったからだ。どのカップルも割と同じようなコレオリズムシークエンスを展開しており、アイスダンスの新たな一面を開拓するような面白い効果は一切発揮されていなかった。そもそもアイスダンスのリズムダンスは、本来「リズムを重視するアイスダンス」なのだから、すでにプログラム全体を通じてコレオリズムシークエンスとなっているはずなのだ。したがって、わざわざコレオリズムシークエンスという要素を設ける必要はないと私は考えている。このように改正された新ルールがフィギュアスケートの発展を促すものであるのかどうかを議論していくことも重要となるだろう。

さて、次回の世界選手権は、3 月 18 日からカナダのモントリオールで開催される予定だ。そこに向けてグランプリシリーズや ISU チャンピオンシップで、各選手がどのように活躍していくのか非常に楽しみである。

誰でも取り組める「エチュードプロジェクト」の第1弾として公開された《チャーリーに捧ぐ》の模範演技
©Shintaro Iba

町田 樹 Tatsuki Machida

1990 年 3 月生まれ。國學院大学人間開発学部助教。2020 年 3 月、博士（スポーツ科学／早稲田大学）を取得。専門は、スポーツ&アーツマネジメント、身体芸術論、スポーツ文化論、文化経済学。フィギュアスケートの競技者として、2014 年ソチ・オリンピック 5 位入賞、同年世界選手権準優勝。2014 年 12 月に競技を引退後、研究活動に励むかたわら、プロスケーターとして自作をアイスショーで発表。2018 年 10 月にプロを完全引退した。2022 年 4 月、田中刑事に新作「ショパンの夜に」を振付けるなど、振付家としても活躍。今年 7 月 1 日、「みんなのフィギュアスケート作品プロジェクト（正式名称「エチュードプロジェクト」）」として、「誰もがどこでも無許諾で滑ることができる」というコンセプトをもとに、自らが振付けたエチュード作品《チャーリーに捧ぐ》を YouTube で公開、世界初のプロジェクトが話題を呼んでいる。（詳細は https://www.youtube.com/@atelier_t.e.r.m）自ら企画・構成を手がける J SPORTS「町田樹のスポーツアカデミア」も好評。

WORLD FIGURESKATING ワールド・フィギュアスケート

フィギュアスケート選手名鑑
2023-2024シーズンガイド
2023年11月5日発行

発行所：株式会社 新書館
　　編集 〒113-0024 東京都文京区西片 2-19-18
　　　　 TEL03-3811-2851 FAX03-3811-2501
　　営業 〒174-0043 東京都板橋区坂下 1-22-14
　　　　 TEL03-5970-3840 FAX03-5970-3847
　編　集：ワールド・フィギュアスケート編集部
表紙デザイン・本文レイアウト：SDR（新書館デザイン室）
　協　力：CIC／ユニバーサルスポーツマーケティング
　　　　　IMG／中京テレビ放送／木下グループ
　　　　　中京大学／岩手めんこいテレビ／J SPORTS
　　　　　京都府スケート連盟／滋賀県スケート連盟
　　　　　日本スケート連盟／ISU
印刷・製本：日経印刷株式会社

坂本花織（2023 年世界選手権 EX）
©Yazuka Wada